日本生活指導学会 編著
照本祥敬 編集代表

自立支援とは何だろう？

――福祉・教育・司法・看護をまたぐ地域生活指導の現場から考える

高文研

まえがき

　本書は『自立支援とは何だろう？』と題されていて含みをもたせた問いを発している。わが国の生活指導や自立支援をめぐる現代的課題に、なにがしか答えようという構えがあることを思わせる。実際、一読するならば、内外の新情報が満載だというわけではないのになぜか新しい。そう感じていただけるのではないか。今では、私たちは実践報告や事例報告などいくらでも接することができるのに、本書で示される実践・事例と解説などを読むと新鮮な気持ちになる。自分のすぐ傍にありそうな実践であるのに、現実にはたちうちできない、手の届かないはるか彼方のことであるようにも思える。けれども、やはり、立ち戻りたい、できうるならば辿り着きたいと思う。そういう自立支援を論じている。

　このような本書刊行までのいきさつを少し述べておこう。

　私たちの学会は、2010年に『生活指導事典―生活指導・対人援助に関わる人のために―』を刊行している。その時、学際的な私たちに共通する「ひとりの人間的に生きてありたいという存在要求に応答して、その人が必要とし、要求している生活と生き方・在り方を共同してつくっていく営み」に注目したのだった。直後の、東日本大震災の大惨事では、地域に生きる人びとの共同やつながりがともすれば壊れていく様相を目の当たりにして、その共同の意味をあらためて問いかけることになった。私たちは、その後も真剣な議論を続けた。そして、「生活指導・対人援助」をめぐる学際的な研究

の蓄積として、各分野をつらぬく中心テーマのひとつが「地域の様々な実践のなかで自立支援をどう実現していけばよいか」にあると理解した。

　本書では、副題にあるように、福祉、教育、司法、看護をまたぐ地域生活指導の現場からこれからの自立支援とは何かを考えている。序章から順に読んでいくと生活指導と自立支援のかかわりがよくわかる。「互いの人間的尊厳を回復あるいは発展させていく生活を共同してつくりだす」という「生活指導の基底にある考え方」（序章）でもって自立支援をとらえている。

　本書は、人間が生きて育っていくことが難しい時代に、孤立や分離・分断をそのままにするのではなくて、共同がもたらす生活指導のちからづよさを甦らせよう、世代を超えて共同で課題にとりくもうと呼びかけている。実に確かなメッセージを届けている。

間宮　正幸
2019年4月

目　次

まえがき（間宮正幸）　　Ｉ

序　章　地域生活指導と自立支援（照本祥敬）　　7

生活をどうとらえるか / 自立支援をどうとらえるか / 地域生活指導の地平

第1章　子ども・若者の貧困問題と自立支援　　2I

【実践報告】「猫の足あとハウス」を居場所に（岸田久惠）　　23

はじめに / 無料の学習支援を始める / 猫の足あとハウス建設へ / 小学生の宿題クラブ / 中学生の学習支援 / 地域の力に支えられて / ハウスの住人になった若者たち / ハウス運営の模索の日々 / 塚田くんと歩む / おわりに

【解説】子ども・若者の貧困問題と支援の協働化（照本祥敬）　　4I

福祉と教育を結ぶ居場所づくり / 学習支援と子ども（集団）の成長 / 支援ホームと若者の自立 / 支援の協働ネットワーク

column 1　地域生活指導の展開（南出吉祥）　　47

第2章　児童養護施設における子どもの生活と自立支援　　5I

【実践報告Ⅰ】児童養護施設「おおぞら園」の実践（三輪武彦）　　53

子どもたち一人ひとりの思いに寄り添う実践 / 事例を通して / まとめ

【実践報告Ⅱ】地域小規模児童養護施設「柿の木ホーム」の実践（中島賢吾）　　68

本園から離れた山村地域に開所したホーム / 薪割りや雪かきなどの

生活体験／地域の人たちに見守られる中で育つ子どもたち／まとめ

　【解説】子どものニーズ・願いに応える児童養護実践（櫻谷眞理子）　73
　　　子どもが主体の生活づくり／子どもたちの食へのニーズに応える／
　　　自分たちで考え、話し合って決める／地域の卓球サークルに通い、
　　　成長した友弥くん／保育士になる夢を見つけた香織さん／地域との
　　　つながりの中で育つ子どもたち

　column 2　児童福祉の現状と課題（浦田雅夫）　79

第3章 不登校生徒の自立支援　83

　【実践報告】「演劇実践」はいかにつくられたか
　　　　　　―地域の教育資源との共同―（續橋淳子）　85
　　　はじめに―地域と学校―／吉田さんとの出会い／「演劇実践」はいか
　　　にしてつくられたか／おわりに

　【解説】地域のおとなが学校で子どもを支援する（間宮正幸）　99
　　　地域生活指導の再認識／学校を訪ねる地域の人たち

第4章 少年院における矯正教育の展開と自立支援　105

　【実践報告】K学園における矯正教育と少年を取り巻く社会の変化
　　　　　　―再非行防止のために―（織田脩二）　107
　　　はじめに／少年院について／少年院の教育／社会復帰支援／再非行
　　　防止に係る課題～地域の力

　【解説】K学園の取り組みについて（森伸子）　125
　　　安全・安心な場と職員の関わり／特性に応じた矯正教育の展開／就
　　　労支援、修学支援、家族関係調整等社会復帰支援の重要性／切れ目
　　　のない支援―少年保護手続を縦貫した取り組みと地域社会との関わ
　　　り―／非行からの立ち直りを促進するもの―デシスタンス研究の結

果から―

　column 3　少年司法制度について（則清仁美）————131

第5章 訪問看護と自立支援　　135

【事例報告】統合失調症をもつ人の就労と
　　　　　　生活との調和に向けた地域看護実践（中戸川早苗）————137

はじめに／「妻と子どもによりよい生活をさせてあげたい」と望む
直さんの事例／「結婚して妻と築く二人の家庭を大切にしたい」と
望む誠さんの事例／おわりに：看護実践のあり方

【解説】精神障害をもつ人の「あたりまえの」「普通の」
ニーズに応える地域看護実践を求めて（熊澤千恵）————156

精神保健医療福祉と就労支援／就労支援とは何か

　column 4　訪問看護と地域生活指導（菊池美智子）————162

終　章　人びとの自立への反転をつくりだす
　　　　地域生活指導の可能性（折出健二）　　165

はじめに―支援と援助について―／地域での共同実践の構図／地域
が生活の主体を育てる／支援・援助の非対称性をどう変えるか／自
立支援の地域生活指導実践に希望はある／おわりに

　　　　　　　　　　　　　　　　　　　　　装丁＝鈴木美里

序章

地域生活指導と自立支援

照本 祥敬

1．生活をどうとらえるか

　生活とは何かを考える糸口として、生活指導という概念の説明から始めたい。
　「生活指導」と聞くと、ほとんどの人は、学校での言葉遣いや服装や持ち物等、生活行動全般への「指導」を意味する「生徒指導」を思い浮かべることだろう。それも無理はない。実際に「生活指導」と「生徒指導」を同様のものと考えている学校現場は少なくないからである。しかし、生活指導は、その基本的考え方や実践の展開において、児童・生徒の生活行動を管理する傾向が強い生徒指導とはまったく異なる。生活指導の基底にあるのは、子どもたち自身が自分たちの望む、自分たちを人間的に成長させてくれる生活をつくりだしていく主体である、という考え方である。ゆえに、それは、生活行動の管理・統制ではなく、生活主体にふさわしい自律的かつ自治的な生活を営む力を育むための指導を重視する。[1]
　ただし、生活指導は、学校教育の領域だけに閉じていない。本書第1章から第5章までの実践報告と事例報告が示すように、それは福祉、矯正教育、看護といった領域にもまたがっている。また、それゆえ実践の対象も、子ども・若者に限らず、高齢者を含むすべての世代に及ぶ。
　生活指導の実践領域や対象がこのような広がりをもつのは、生活指導を「ひとりの人間的に生きてありたいという存在要求に応答して、その人が必要とし、要求している生活と生き方・在り方を共

同してつくっていく営み」[2]ととらえるからである。健康、暮らし、学習、仕事、地域での活動……にまつわる自他の必要と要求とに応答しつつ、互いの人間的尊厳を回復あるいは発展させていく生活を共同してつくりだす —— これが、生活指導の基底にある考え方である。

では、人間的な生活と生き方を共同で発展させていく、という生活指導の文脈における生活とはどういうものなのか?

折出健二によれば、私たちの生活は、「いのち」・「暮らし」・「ものの見方・生きがい」の3層から成立している。[3]この折出の把握は、生活を構成する活動過程を「物質的生活過程」・「社会的生活過程」・「政治的生活過程」・「精神的生活過程」の4つの過程とみなす社会科学的見地にもとづくものである。これら4つの生活過程と「いのち」「暮らし」「ものの見方・生きがい」の3つの層がどう対応しているのか、みていこう。

まず、「物質的生活過程」は、食事や睡眠などの生命の維持・発展のための活動と、衣食住をはじめとするさまざまな生活財を得るための活動とを含んでおり、生活の基層としての「いのち」の維持・発展と人間的な「暮らし」の実現とにかかわる。と同時に、「いのち」と「暮らし」の層は、家族や地域社会での支え合いの様式も含め、生活手段の生産・分配・交換・消費をめぐる現実の社会経済的条件に強く依存するがゆえに「社会的生活過程」や、よりよく生きるために社会的・政治的・経済的諸条件の改善を志向する「政治的生活過程」と切り離すことができない。

では、この文脈での「よりよく生きる」とはどういうことか? 「ものの見方・生きがい」の層は、この問いにかかわる。「ものの見

方・生きがい」は、生き方（価値）の選択や自己実現といったテーマにかかわる「精神的生活過程」に対応する。私たちは、他者や社会との交流を積み重ねるなかで、また人間・社会・歴史・文化・自然などについての学習や教養を深めるなかで、生きることの価値認識や生きる意欲を深化させている。すなわち、生活主体としての「ものの見方・生きがい」を培っている。このように、「ものの見方・生きがい」は、現実の「いのち」と「暮らし」のありようを土台にしつつ、よりよく生きるためにこれらの発展を志向し、追求するものとして生活を成り立たせている。こう考えていくと、相互に不可分な「いのち」「暮らし」「ものの見方・生きがい」の総体が生活であり、私たちは自らの生活のなかで現実の社会経済的システムからの制約を受けつつ、それゆえにより人間的な生活と生き方を追求し、実現していこうとする存在であるということができよう。

2．自立支援をどうとらえるか

（1）自立とは何か

　私たちはいかにして自らの生活をよりよいものへと、より人間的なものへと発展させていく主体になりうるのか？　自立の概念は、この問いに対応する。

　通常、自立は、「他の援助や支配を受けず自分の力で身を立てること」（『広辞苑』）とイメージされる。人格的（精神的）自立であれ、経済的自立であれ、自立を意味する次元は異なっていても、共通す

るのは、他者に依存せずに自力で物事を解決する、という了解である。しかし、はたしてそうだろうか。たしかに、自律した人格として自由に活動し、人間的な生活を築いていくことは自立の要だといえる。けれども、それは社会や他者との主体的で能動的な交渉をとおしてのみ達成できることである。換言すれば、厳密に自律的個人であるためには、あらゆる抑圧や脅威から自由であり、自らの生き方を真に自由に自己決定できるような生活環境に身をおいていなければならない。そうであれば、現実の社会・経済・政治のありようが自立の根幹である生き方の自己決定にさまざまな制約を課している事実をどう考えるか。

　生き方の自己決定は、教育や就労をめぐる競争システムへの参入のあり方に大きく左右される。実際には社会的階層、所得、性別、国籍、障がいの有無などにより、あらかじめ競争に有利な位置にいる者とそうでない者との不平等が存在する。にもかかわらず、「公正かつ平等な競争」という幻想によって不平等の事実はかき消され、競争の結果は個人の「自己責任」の問題として処理されやすい。「富める自由」も「飢える自由」も「公正かつ平等な競争」の結果であり、この結果がどれほど過酷なものであっても「自己責任」と「自助努力」で解決せよ、というわけである。

　後述するように、新自由主義の政治はこの競争原理をあらゆる領域に拡張させているが、こうした文脈での「生き方の自己決定」は、生活指導が追究する自立の概念と鋭く対立する。なぜなら、前者は社会的不平等をも「自己責任」として引き受けさせたうえで、他者との排他的競争を「強い個人」として生き抜くよう強いるが、後者は不平等の問題も含め一人ひとりが社会的な課題を共有し、その解

決に向けて他者と共同していくことを自立の核心に据えるからである。後者は、排他的競争がもたらす他者との分断や孤立へと向かうような「自律」ではなく、より人間的な生き方への自己決定を相互に励まし合う共生の原理に支えられている。その自立観は、基本的人権の保障を土台にしつつ、自らの生き方を自由に自己決定する主体としての自律性と、一人ひとりがこうした自律的存在となることを支え合う共生の原理とに立脚しているのである。[4]

（２）自立支援をめぐる問題の構図

　自立の内実を自律と共生という視座からとらえるとき、自立支援に求められるのは、①社会公共的性格をもつ共同の活動を設計し、②互いをよりよく生きることへと励まし合う共生的な関係を構築する、という視点である。すなわち、「いのち」「暮らし」「ものの見方・生きがい」に連なる生活課題を具体的かつ構造的に把握し、支援者／被支援者という狭い枠組みに閉じない相互主体的な関係を築く、支援する側も支援を受ける側も共に生活の主体として向き合い、よりよい生活の実現に向けて協働する、ということである。
　この自立支援像は、新自由主義の政策が推進する「自立支援」とは一線を画す。若者支援であれ、高齢者支援であれ、障がい者支援であれ、新自由主義の政策に通底しているのは、「自助努力」を前提にして「あるべき自立像」へと急き立てる発想である。「あるべき自立像」とは、可能な限り「公助」に頼らず、生活問題を自分の力で、つまり「自己責任」の枠内で解決できるようになることをさす。ゆえに、押しなべて、そうなるまでの期間は時限付きの補助的

な公的支援をする、といった施策になっている。

　こうした政策展開に対し、若者支援の現場では、不安定な生活を余儀なくされている若者に必要なセーフティネットが築かれることを期待する一方で、一連の施策は「公的福祉に依存せず、自分でなんとかしなさい」「自己管理して競争社会に適応しなさい」といった「自己責任」論のさらなる強化にもつながりかねないと危惧する。(5) また、障がい者の自立支援をめぐっては、間宮正幸が、「働いて納税する障害者」を「自立」のモデルとして強調する「障害者自立支援法」(2005年) は「障害者及び障害児がその有する能力及び適正に応じ、自立した日常生活又は社会生活を営むことができる」よう支援するとした「障害者基本法」(2004年改正) の理念を後退させるものだと批判している。(6)

　このように、新自由主義の支援策は、あくまでも「自助」に重心を置く。支援の土台にあるのは「自助」であり、この上に家族・親族や地域社会による「互助・共助」を載せ、そして最後に国や地方自治体が控えめに「公助」に乗り出す、という構図である。結果、自立支援も個々人の「選択」と「自己責任」の問題となり、それに呼応して支援の中身も否応なく個人化・個別化される。

　支援の個人化・個別化の基本的な様態は、市場からの支援サービスの調達である。個々人は市場が供給する多種多様なサービス・メニューから自分に見合うものを選択し、消費する。この「見合う」とは、必ずしも自分がほんとうに必要としているものではなく、経済的条件等により購入可能な範囲内のサービスであることを意味する。こうして自立支援の領域でも格差が再生産されていく。教育、労働、福祉、医療、介護などへの公的支援の脆弱さは、これらの分

野への企業等の新規参入を強力に後押しすることにより「支援」関連市場を肥大させると同時に、自立支援をめぐる社会的格差を新たに生じさせている。

　そればかりではない。近年、都市圏を中心に自治体が企業やNPO法人等に支援事業を委託するケースが増えている。公的支援の「効率化」を図ることがねらいであるが、委託先である事業体は他と競合関係にあるため、支援の「成果」＝「効率化」を追い求める傾向が強く、資格取得や職能認定といった"可視化"できる「成果」を挙げることのみを目的にしているケースも多い。そのような状況では、支援を受ける側は日常的に「あるべき自立像」への適応を迫る圧力に曝されていることになる。

　以上、「自立」と「自立支援」をめぐる新自由主義政策が抱える問題を検討した。次節では、「自己責任」を基底にした「あるべき自立像」および「自助」を前提にした「自立支援」の政治力学にどう対抗するのか、支援の個人化・個別化に抗する支援の共同化・社会化への展望をどう拓いていくのかについて考える。

3．地域生活指導の地平

　「あるべき自立像」への適応を迫る支援の個人化・個別化を超え、生活主体としての自立を相互に支え合う支援の共同化・社会化の道を拓くための構想について検討したい。

　支援の共同化・社会化を阻む最大の壁は、すでに指摘したように、市場が提供する「支援」サービスの消費に過度に傾斜した、い

わばビジネスモデル化した支援のあり方だといえよう。だとすれば、「支援の提供者→消費者」という支配的構図を脱していくための条件や課題についての整理が必要になる。

　まず指摘したいのは、市場を介した「支援」の調達および個別専門領域に閉じた支援の限界についての認識を社会的に共有することである。現実には、「支援」サービスの提供や個別専門的なアプローチだけでは解決できない生活課題を抱えて暮らす人たちが圧倒的に多い。したがって、①「支援＝サービスの提供」という社会的・政治的意識を変える、②支援を専門性に基づく支援者／被支援者という枠組みに閉じ込めるのではなく、生活の再生、再創造を視野に入れた幅広い当事者活動として展開する、③このような活動をとおして共にケアし、エンパワメントしあう関係性を築いていく、④支援する側がこうした関係性のなかに自らの専門性を発揮していけるようにする、といった支援像への転換が求められよう。

　いま一つの大きな条件は、コミュニティとしての地域の再生、再創造の課題にかかわる。新自由主義政策は、市場による個人の包摂のみならず、地域をも市場競争原理のなかに投げ込む。その実態は、「民間活力の導入」「地域資源の活用」といった掛け声によって自治体間の競争をあおることで、一方で都市圏を中心に「支援」サービスを競合させつつ、もう一方では住民の死活問題が浮上するほどのすさまじい地域間格差を生じさせている。とりわけ深刻なのは、地方の中・小規模自治体における保育、医療、看護、保健等の分野での専門家の著しい不足である。「いのち」や「暮らし」にかかわる地域社会の公共サービスの欠如は、高齢化と同時進行で急激な人口減少をもたらし、地域コミュニティの互助・共助のしくみを崩壊さ

せている。それゆえ、こうした「いのち」と「暮らし」に直結する地域の厳しい現実を見据えたセーフティネットの構築と、地域コミュニティの再生、再創造につながる互助や共助のあり方を探ることが喫緊の課題になっている。

　これらの支援の共同化・社会化に向けた条件や課題を考えるにあたって注目したいのが、「地域生活指導（運動）」と呼ばれる実践である。地域生活指導とは何か？　山本敏郎は、それを「専門家が地域に出かけて啓蒙的に生活を指導することではなく、人びとが地域生活の諸問題の解決に協同して取り組むなかで地域生活を創造し、その主体として育ち合うとともに、一人ひとりののっぴきならない生活と生き方をめぐる問題を共同化し、その解決に協同して取り組むなかで、自己の生き方を自己指導すること、また生き方を相互的につくりだしていくもの」と定義する。[7] 山本によれば、地域生活指導とは、医師、看護師、教師、ソーシャルワーカー、カウンセラーなどの専門職者が病院、学校、事務所の外に出かけていくことではない。それでは施設内でおこなっている治療、教育、相談等の仕事を施設の外部に拡張したにすぎず、専門家（支援者）／対象者（被支援者）という非対称な関係も固定されたままである。そうではなく、専門家と支援の対象者、また対象者にかかわる人たちが地域生活をつくる当事者として相互主体的に活動し、つながっていくのが地域生活指導である。ゆえに、それは、一人ひとりの生活と生き方をめぐる課題を「個人的な問題」の枠組みから解放し、世代を超えて共同で課題の解決にとりくむなかに新たな地域生活を創造していくことをめざす。[8]

　説明するまでもなく、地域生活指導は、地域は人びとが協同し、

生活を共に創造していく拠点である、という考え方に依っているが、こうした地域の位置づけは、福祉政策論の研究者である宮本太郎の「〈支え合い〉の戦略」の思索とも通じる。宮本は、職場の環境整備など就労に向けた個人への投資に留まらず、地域の〈支え合い〉のなかで現役世代、女性、子ども、高齢者、障がい者など多様な人びとがそれぞれに力を発揮できる条件づくりへの投資を重視する。〈支え合い〉の実現に向けた社会的投資を強化せよ、という主張である。この主張は、本来は国や行政が負うべき公的責任を地域コミュニティに引き取らせようというものではない。国や行政機関には地域住民が〈支え合い〉の精神を体現できるだけの資源と環境を整備していく責任がある、という考え方である。[9]

　地域生活指導が地域に暮らす人びとの協同によって成立し、発展していくものである以上、それは地域住民の具体的な必要と要求にもとづいて実践を展開する主体性と自律性を有していなければならない。したがって、仮に必要としているものが地域にないのであれば、自分たちで地域につくりだす、という発想が重要になる。それは、国や行政が果たすべき公的責任を棚上げにして地域コミュニティがその肩代わりをする、ということではない。その逆である。地域住民と行政が互いに困っている、互いに不足だと感じている課題を共有し、地域に暮らす人びとの目線から「行政」のあり方を変えていく、という問題意識とヴィジョンをもつことを意味する。とりわけ自立支援をめぐる現在の状況に照らせば、こうした問題意識にもとづいて、①行政機関を巻き込みながら幅広い当事者活動を展開していく、②また、当事者活動の持続と安定を保障する重層的な人的・社会的（資源の）ネットワークを張り巡らせていく必要があ

る。換言すれば、地域住民の主体性と自律性を担保する「互助・共助」の設計を基点に、「自助」への過剰な期待＝「公助」の免罪という「自立支援」の構図を組み替えていく必要がある。そうでなければ、「いのち」「暮らし」「ものの見方・生きがい」が複合的にかかわる生活課題の解決に向けて有効な支援をおこなうことは難しい。

　いま述べたことを前提としたうえで、地域生活指導としての自立支援（あるいは地域における「互助・共助」）のありようは多様性に富む。そうなるのは、そこに暮らす人びとの必要と要求の具体性、それぞれの地域コミュニティの現状や抱えている諸課題、専門家や行政との交流・連携の実情などに応じて実践が組み立てられるからである。ゆえに、それぞれの地域でのとりくみは個性的で多種多様なものになる。ただし、これらのとりくみに通底するのは、「いのちと暮らしを守る」という立場でのつながりであり、どんな地域にしたいのか、どんな地域生活をつくりだしたいのかを当事者として考え合い、活動している人びとの姿である。

〈注〉
(1) こうした生活指導の考え方にもとづく教育指導の方法論を「集団づくり」と呼ぶ。
(2) 竹内常一「はじめに」日本生活指導学会『生活指導事典―生活指導・対人援助に関わる人のために―』エイデル研究所、2010 年、3 ページ。
(3) 折出健二「生活指導の再生―生活改変を求める専門家・住民の相互的自己形成と指導の自覚化―」日本生活指導学会『生活指導研究 5』明治図書、1988 年、43-46 ページ。
(4) 照本祥敬「市民的自立の課題と教師の指導性」折出健二編『生活指導　改訂版』学文社、2014 年、141 ページ。

(5) 若者支援全国協同連絡会『「若者支援」のこれまでとこれから―協同で社会をつくる実践へ―』かもがわ出版、2016 年、21-22 ページ。

(6) 間宮正幸「『自立支援』とはなにか」『生活指導事典―生活指導・対人援助に関わる人のために―』、21 ページ。

(7) 山本敏郎「地域生活指導の意義と課題」『生活指導事典―生活指導・対人援助に関わる人のために―』、26 ページ。

(8) このように考えると、地域生活指導と学校教育における生活指導とは対義語的関係にあるのではなく、前者は後者を包含する、それゆえ前者の文脈のなかに学校の機能と役割を位置づけなおす、という理解が重要になる。

(9) 宮本太郎『共生保障〈支え合い〉の戦略』岩波新書、2017 年、205-222 ページ。

第1章

子ども・若者の貧困問題と自立支援

報告　岸田 久惠
解説　照本 祥敬

> 【実践報告】
>
> # 「猫の足あとハウス」を居場所に
>
> 岸田　久惠

1．はじめに

　2017年3月から2018年7月まで猫の足あとハウスに住んでいた高校2年生の塚田くんが、自宅に帰ることになった時に、私たち家族あてにこんな手紙を残してくれた。

　僕が自立をしたいと思ったのは、親に対するたんなる反抗心ではなく、自分のいる環境から逃げ出したい、そういう気持ちが強くあったからです。
　元々きっかけは、姉と殴り合いの喧嘩をしたことです。一度父親とも同じことをしていたため、本当にもうその時は家族がいなくなればいいと本気で思っていました。でも、いなくなることなんてその時はなかったし、だったら僕からこの家を出ていくとそう強く誓ったんです。だから本当は、学校に通うとか自立するとか、生活意識をつけるとか、そういう気持ちは、入る時ほとんどなかったんです。もう、逃げ出したい、自由になりたいとそんなことばかり考

えていました。

　でも、いざハウスに住むとなった時に、僕には予想もつかないことが起きたんです。それが、姉の自殺です。僕はなんだか逃げ出そうと思った自分が馬鹿らしく思えてきて、本当に嫌でした。僕は家族と向き合いもせず、ただ自分のことばかり考えてきた結果、こうなったんだと思います。僕は何か大切なものを失ったような気がしました。

　だから最初は、家族から逃げ出したい、離れたい、そういう気持ちがあったから、これじゃあハウスに来た意味ないなあ、そう考えていました。せっかく開いていただいた歓迎会でもそんなことばかり考えていて、あんまり楽しくなかったです。とにかくもう逃げて、逃げ出した先がハウスだった気がします。

　ただ、岸田さんの家に行くのは楽しみでした。テレビが見れるし、一人でご飯を食べなくていいし、何より岸田さんの作る料理はうまいです。毎回おかずが豪華だし、とにかくご飯がススム。お弁当も作っていただいて、こんなありがたい話はない。僕は、幸せ者だなあと本気でそう思ってました。だから本当にありがとうございました。僕は岸田さんがいなかったら、この1年間の間に自ら命を絶つということもあったかもしれません。だから、岸田さんにとっては当たり前のことかもしれませんが、僕にとっては当たり前ではなく、助けられたと思っています。心の底から感謝しています。

　結果的にハウスは、僕にとっては逃げ場所になってしまったけど、岸田さんとその家族は恩人だと思っています。だから、この先になにか困ったことがあれば連絡してください。必ず手助けします。また機会がありましたら、よろしくお願いいたします。

2．無料の学習支援を始める

　塚田くんが住んでいた猫の足あとハウスは、「ＮＰＯ法人猫の足あと」が2016年4月から子ども・若者への学習支援と住居支援をしている拠点である。当時はまだ、前身の任意団体、学び塾「猫の足あと」であった。

　学び塾「猫の足あと」を立ち上げたのは2011年2月で、東京都教職員組合の執行委員として小学校の現場を離れていた時期である。組合はこの数年前から、子どもの貧困問題にもとりくんでいた。リーマンショック後に貧困問題がクローズアップされ、「年越し派遣村」が開設された時期である。子どもの貧困にかかわって学校現場にアンケートをとったり、学習会を開いたり、「なくそう！子どもの貧困」全国ネットワークの活動に参加したりするうちに、子どもや若者を支援しているさまざまな機関や団体の実態に触れることとなった。虐待、病気、いじめ、学力不振、不登校、非行、養護施設を出たあとの厳しい人生、さまざまな困難を抱えた子どもや若者の実態と、最前線で支援に当たっている人たちの実践にたくさん触れた。そこには、学校は何をやっているのかという不信感が根底にあるようにも感じた。福祉の現場で学習支援が行われている。では、教育現場にいる自分が今できることは何だろう、と考えた。

　私が考えついたのは、自宅で家族も参加して行う無料の学習支援だった。2011年2月、家族に提案したところ、当時学生だった娘と息子はすぐに賛成し、教える役を引き受けてくれた。中学校の数

学教師の夫は黙っていたが、後々の取材では「勝手にやれば、と思っていた」と答えていた。この夫を「顧問」に任命することとした。

　毎週月曜、中学３年生５人を対象に午後７時から９時までが勉強で、合間に夕食も提供する。食事作りが私の担当だった。

　生徒集めにチラシを持って地域の学校を訪問した。学校というところは、外から来る者に対して閉鎖的である。学校現場にいたからわかるのだが、とくに中学校は。そこで、娘と息子が通った中学校を卒業生の親という立場で訪問した。校長とは初対面であったが、娘や息子を教えた先生がまだ何人かいて「岸田さんや岸田くんが教えるならいいですね。校長先生、優秀な生徒でしたよ」と口添えしてくれ、希望する子にはチラシを配布してもらえることになった。新３年生の担任が息子の元担任だったこともラッキーであった。こうして地元中学から４人、となりの中学から１人の生徒が参加、娘と息子、娘の友だちが先生役になり無料の学習支援がスタートした。

３．猫の足あとハウス建設へ

　自宅での学習支援は、退職するまでの５年間同じかたちで続けることができた。２年目からは生徒募集に苦心することはなかった。最初の生徒の兄弟姉妹やご近所の中学生、市内の教員や議員、子どもに関わる活動をしている人たちからの依頼などで生徒はすぐに集まった。退職までの最後の３年間は小学校の現場に戻っていたが、なんとか続けることができた。大学２年だった娘が大学院を修了す

るまで、学習指導のリーダーとなってすすめてくれていた。5年目には初年度の生徒だった大学生が先生として戻ってきてくれたりもした。

退職を1年後に控えた2015年2月、自宅の近くに宅地が売り出された。退職したら活動を広げたいと考えてはいたが、どんな方法がいいか。その宅地に居場所を創る――夢のような考えだったが、「買えるものなら、買えば」という夫の一言に、貯金、退職金を計算し、すべて投入して買うことにした（どうも夫は買えないと思っていたのではないか）。

1年かけて、猫の足あとハウスを建設した。不動産会社の担当者と建設会社のデザイナーが、私が創りたいものを形にするためにずっと伴走してくれた。どんな建物にするか検討し、1階を勉強会が開ける教室とキッチンダイニング、お風呂と洗面所、2階を住居スペースとするシェアハウスのようなイメージの建物を造った。

若者のためにできるだけ安価な住居を用意しようと思ったのは、子どもの貧困問題にとりくみだしてすぐのころに児童養護施設を訪問したことがあり、施設を出た後の18歳の若者がその後ホームレスになるなど厳しい人生を歩んでいることがずっと引っかかっていたからだ。こうした若者のために5部屋を作ることにした。2016年2月、西武新宿線田無駅から徒歩7分の場所に猫の足あとハウスは完成した。3月にはそれまで関わってきた生徒や学生などを招いてお披露目の祝賀会を開いた。

4．小学生の宿題クラブ

　2016年3月に退職し、4月からハウスを拠点にした活動を開始した。月曜と木曜の15時30分から18時まで小学生を対象にした「宿題クラブ」を始めた。勉強は宿題さえやればいい、その後はおやつを食べたり遊んだりする学童クラブか児童館のような場。宿題のわからないところは教え、もっと勉強したい子には指導もする。私とともに元教員が相手をした。当初、宿題をどうしても出さない子がいて、ドリルを開いたところ1ページもやっていないことがわかり、答えを教えてあげたが、その子は二度と宿題クラブに来なかった。また、「今日は算数の宿題はない」「ドリルを学校に忘れてきた」などと嘘をついてやりたがらない子もいた。塾ではないので、勉強を強いると来なくなる。それでも、わからない、できないからやらないという子にわかる喜びを教えてあげられることもあった。ここに来たいと思った子はちゃんと宿題をやるようになる。居場所と感じられる関係を築きながら、学習支援が必要な子には少しずつ学習機会をつくるようにしている。

　宿題クラブにずっと来ているミオは小学5年生、父子家庭である。中学1年の姉と通い始めて3年になる。一番の常連になり、私の手伝いをしてくれたり、行事の計画をいっしょに立ててくれたり、雨の日も雪の日も通ってくる、かわいい教え子のような存在だ。ある時、ミオがこんなことを言った。「2番目のお母さんは、私たちに冷たかったから別れたんだよ」。ミオの父は2度離婚しているそう

だ。ミオたちのために２回目の離婚をしたのなら、しっかり愛してくれているのだろう。木曜の夕方には姉と訪れ、私たち家族といっしょに夕食を食べている。

　父親の虐待から逃げてきた兄弟が通っていたこともあった。弟は、男性のボランティアがそばに来た時に「僕は男の人が苦手なんだよね」とつぶやいた。兄は、猫の足あとの遠足に参加した時に父親から逃げてきた道中の話を語ってくれた。ずっと歩き詰めだったそうだ。ハウスにはひとり親家庭の子どもがたくさん来ている。親と暮らせない子もいる。

　マサカズは、新しい子が来るとよく「きみはなに人？」と聞いていた。ボランティアの人が「どうしてそんなこと聞くの？」と咎めるように止めたけれど、聞かれた子は「お母さんは韓国人だよ」と答えていた。マサカズも母親は外国人である。外国にルーツを持つ子どもも何人もいる。

　子ども家庭支援センターと連携するようになり、さまざまな課題のある子がたくさん紹介されて訪れるようになった。不登校だったり、学校でトラブルを重ねたりしている子のなかにハウスを居場所にしている子がいる。ハウスでも初めは他の子に馴染めなかったり、嫌がられたりする子がいるが、週２回の限られた時間でもあり、学校とは違って自分たちでルールを決める場となっているため、だんだんと上手に過ごすようになった。現在の宿題クラブは、学校も学年も違う男女が鬼ごっこやバドミントン、おはじきやトランプ等、異年齢の集団で遊ぶ、おやつは数を数えて平等に分け、年長者は小さい子の面倒をみるなど、昭和の時代の子ども集団を見ているようだ。

5．中学生の学習支援

　月曜の夜は、自宅で行っていた頃と同じで中学3年生対象の勉強会を開いている。18時30分から夕食を提供し、19時から20時45分までが学習支援。もう1日、木曜に中学1、2年生を対象にした勉強会を開始した。

　2016年度は娘が就職したので、息子が学習指導の中心となった。それでも、人手が足りない時には、仕事帰りの娘が指導に入ってくれた。息子は児童館の非常勤職員になったが、月曜と木曜は早番にしてもらい、学習指導スタッフの手配をしたり、学習計画を立てたり、反省会をすすめたりした。2018年1月、学び塾「猫の足あと」は「特定非営利活動法人猫の足あと」になる。息子は、副代表理事に就任し、会計も担当する。猫の足あとを継ぐそうだ。息子が生活できる組織へと発展させる、というなかなかの目標ができた。

　2018年の中3勉強会には、初年度に生徒として参加していた茂呂くんと道本くんが先生として参加している。茂呂くんは、高校3年生の夏休みから手伝い始め、大学生になってもずっと先生を務めてくれた。現在大学4年生で、来春からは中学校の社会科教師になる予定だ。彼はあるインタビューでこんなふうに答えていた。

　「中学3年生の時に、初めは自分で受験勉強をしようと思っていたが、周りがみんな塾に行き出したので不安になった。猫の足あとに来るようになって、教えることもおもしろいと感じ、先生になろうかなと考えるようになった。教えているのは、恩返しの意味もあ

る」

　道本くんも、来春から大学院に進学する。将来は数学の教師になりたいそうだ。支援されていた側が支援する側になる——地域のなかでこうした循環が生まれることはうれしい限りだ。

　私が、学生など若者が先生を務めることにこだわるのは、教える側にも感じたり、考えたり、学んだりしてほしいことがたくさんあるからだ。娘や息子の友人、インターネットで知ってボランティアに来てくれた若者、早稲田大学の運動部やボランティアサークルのメンバーが先生役で関わってくれている。中学生の勉強会は、中学生とその少し先輩との交流が大きな意味を持っている。中学生のなかには、特別支援学級の子や不登校の子、学校に居場所がない子、家族との関係に困難や課題を抱える子などがいる。勉強を教わ

るだけでなく、話を聞いてほしいと先生にいろんな話題を振っている。中学生が関心をもつ話に乗りながらも、それぞれの学習課題に沿って個別に指導し、できるまで励まし、「できたね！」と認めてゆっくりと勉強を進めている。ハウスに通うのが定着しない子も多く、心配な子もいるのだが、学校ではないので追いかけることはできない。関わり続けることになった子にはできるだけのことをしてあげたいと思っている。

6．地域の力に支えられて

　ハウスがスタートした2016年4月、新聞に取り上げられたこともあって、多くの反響があった。畑でとれたとタケノコを持ってきてくれた方がいた。家具や食器を一揃えくださった地域の方もいる。応援したいと遠く離れた地から病床の年配女性が寄付を送ってくださった。3年目を迎えた今も継続的に寄付をしてくださっている方もいる。お米や野菜も定期的に届けていただいている。

　6月にハウスのお披露目として見学会を開いた時には、参加していた元教員からぜひ小学生の相手をさせてほしいと立候補があり、現在も二人の先輩教員が宿題クラブのボランティアを務めている。本気でおはじきの対戦をしたり、昔話を披露したりと、異世代交流は刺激的だ。「勉強は教えられないけれど、できることがあったら手伝わせてほしい」と声をかけてくれる人も多く、料理を差し入れてくれたりして、たいへん助かっている。

　活動を開始したころから支援してくださっている団体は、毎年

チャリティーコンサートを開催し、収益の一部を寄付してくださっている。生徒がみんな高校に進学できたと報告すると、介護施設から参加したお年寄りたちが笑顔で拍手をしてくれた。この時、気がついた。こんなにかんたんに人と繋がることができる。私も生徒も応援されていることがこんなにうれしく、ちからになるのだと。

　私は、現在、猫の足あとの代表理事であるとともに、「西東京わいわいネット」の代表も務めている。後者は「子どもの貧困に向き合う地域をつくる」公民館の講座参加者でつくった組織で、クッキングと学習などの活動をする子ども食堂を開いている。この団体のメンバーは、年代も職業も立場も様々。与野党の現職市会議員・元議員もいれば、社会福祉協議会の人、地域の大学生もいる。子ども食堂は市内に9ヵ所となり、行政がその連絡会を開催するまでになった。これ以外でも、この数年で地域のたくさんの人と繋がることができた。教育長と話ができるようにもなった。新しい出会い、学びにあふれた日々を私たちは地域で生きている。

7．ハウスの住人になった若者たち

　ハウスの2階は相場よりは安い賃料にし、食材など寄付でいただいたものも提供し、生活上の相談などにもできるだけ応じる、支援ハウスのようなものをめざしている。対象は「若者、入居期限は自立できるまで」というゆるい条件。行政などが関わる自立支援ホームは、年齢制限やさまざまな入居条件があることが多いが、それぞれ事情が違うのだからもっと柔軟に支援したい。かえって制度の狭

間にあって支援が受けられない若者につながればいいと考えていた。

　当初は、養護施設出身者や奨学金とアルバイトで学費を工面している大学生、非正規で働く労働者などを考えていた。だが、さまざまな支援者や機関から縁があって紹介された若者には、想定を超える事情があった。

　児童養護施設出身の子のひとりは、大学に進学し、アパートで一人暮らしをしていたが起きられなかったり、食事をきちんと摂れなかったりすることがあり、ひとりでは不安だということでハウスとつながった。結局、大学を辞めることになり、施設の担当の方がずっとフォローされているが、時々電話にも出なくなると、私に連絡がある。元気が出てくると「しばらく引きこもっていました」などと話してくれたりする。何がやりたいかを考えているとも言っていた。医療や相談機関ともつながりながら、ゆっくり自分を見つめながら生活力をつける時間にしてほしいと思っている。

　姉妹で一部屋に入居している例もある。家を出た経緯には親との関係が大きい。2人とも自立心が強く、目標もはっきりしている。親への批判もはっきり口にする。アルバイトをしながら大学に通い、姉は来春の就職先も決まり、ハウスを巣立っていく。

　ハウスのこれまでの住人は12人、塚田くん以外は女性である。親の過干渉や支配、虐待から逃れてきた子も目立つ。母親と娘の関係は難しい。母親が自分の人生を背負わせているのではないかと感じることもある。女の子には、よい子であるが故に家族の犠牲になったり、過剰に依存されたりすることもみられる。家族の課題の陰で自分を押し殺していた子が、家を出ただけでも大きな前進である。女の子が家を出て自立する環境は全く整っていない。「一人暮

らしをして、自分ができることとできないことがわかってよかった」──1年数か月をハウスで過ごした女性が言ってくれた言葉に、ハウスの役割を再認識させられた。自立のかたちや巣立ちのかたちを経済力とか、就職とか、卒業とか、結婚とか、アパートでの一人暮らしとか、固定のイメージで捉えていなかったか。そうではない、挑戦していることに意義があるのだと教えられた。

　妊娠中の女性がしばらくハウスにいたこともあった。彼氏と別れて一人で産んで育てるつもりで、当面の住む場所を探していたのだ。最終的に彼氏とよりを戻してハウスを去ったが、その後もいろいろな支援が必要のようだ。

　中学生が住んでいた時期もある。若者対象とはしていたが、高校生や中学生までは想定していなかった。組合で知っていた先生からの相談を受けたことがきっかけだった。

　他にも、学生支援ハウスにいた女性が、専門学校を辞めて大学受験をめざすことになったため、学生の身分がなくなったことから新たな住居を求めてつながった例もある。知り合いの弁護士からつながった子は、事件に関わった未成年の女の子だった。このようにハウスにつながる若者は、子どもの貧困問題にとりくみだして知り合った人たちから紹介された場合がほとんどである。支援のためには自分の人間関係やつながりが鍵になっていると感じている。

8．ハウス運営の模索の日々

　初めに入居した子とその後すぐに入居した子の関係づくりには、

実は苦労した。初めは姉妹のようにとてもいい関係であったし、私も気合が入っていて花見に連れて行ったり、吉祥寺に出かけたりして交流を密にしていた。暮らし方やルールを決める時期であったし、それぞれに仕事や病気、人間関係といった課題があり、病院やハローワークに付き添ったりすることもあった。ところが、生活時間の食い違いや友だちの訪問などがきっかけで、しだいに関係が悪化してしまった。感情的になった子にうまく対応できないで落ち込んだこともあるし、「岸田さんはどちらの味方なのか」と、それぞれから詰められたこともあった。お互いの課題が理解できていないことが問題なのだが、自分のことでいっぱいいっぱいの状態では協調して生活することは難しい。私の力不足を突きつけられたが、6月に入居した3人目の女性や、わが娘がふたりの相談相手になって助けてくれた。初めに入居した子は、中学生の勉強会にも参加していっしょに学ぶこともあり、頑張って介護職の資格をとり、娘の着物を着て成人式を祝い、就職を決めて20歳の誕生日に巣立っていった。3人目の入居者とは現在もつながっているそうだ。

　最初からルールを決めるのではなく、問題が生じたら入居者で話し合って解決する、運営は全生研[1]の集団づくりと同じようにやっていこうと考えて進めてきた。小学生宿題クラブも中学生の勉強会も、地域集団づくりとして実践していきたい。

9．塚田くんと歩む

　最後に、冒頭で手紙を紹介した塚田くんについて話したい。彼は

S区で中学時代までを過ごしたが、精神疾患で苦しむ姉とその対応に苦慮する父母、さらに父母と祖父母の間にも軋轢があったようで不登校になっていたという。S区の行政機関が一家を支援していたが、せっかく合格した定時制高校にもこのままでは通学できそうにない。塚田くんを私につないでくれたのは、S区で生活保護行政に携わっていた田川さんだった。田川さんとは組合運動を通じて知り合った。貧困問題にも関わっていたため、私の活動も知っていた。西東京市からは遠いS区だが、塚田くんが通う高校には通学しやすい。男子ということで、すでに住んでいた女性の入居者に意向を聞いたところ、弟がいる子も多かったからか、みんな歓迎の意を表明してくれた。

　私は面接に来た塚田くんを一目で気に入った。高校1年生ではあるが、芯の強さや人柄の良さを感じた。午後からの部なので、昼前に登校する。朝ごはんは自分で食べるように言って、お弁当を用意し、夕飯はわが家に誘った。夕飯後はいっしょにテレビを見て笑ったり、宿題を娘や息子に教わったり、息子とゲームをしたり、いろんな話をしたりして過ごしていた。中学生の勉強会に加わることもあった。高校に十分に通えたとはいえないが、好きな絵を毎週習いにS区まで通い続けていた。絵の教室の作品展には二度足を運んだが、熱心に作品の説明をしてくれた。

　本人の手紙にもある通り、姉から離れることが目的だったが、姉が自死してしまったのはハウスに引っ越してくる直前の中学校の卒業式の朝のことだった。S区の担当者は、弟への当てつけもあったのではないかと言った。残された両親と塚田くんの心境を想像し、心配もしたし、引っ越しを止めることもあるのではないかと思った

が、予定通りハウスに来ることになった。表面上は動揺を見せず、姉のことにも触れないので、ずっとこちらからは聞かずに接していた。

ハウスにいる間、私が関わっている子ども食堂（クッキング）に顔を出すこともあり、おばさんボランティアに大人気だった。ハローワークにいっしょに行って、短期間だがアルバイトも経験した。1年4か月をハウスで過ごし、結局、高校には通いきれず、S区の相談機関に通うことが決まって自宅に帰っていったが、彼にとって必要な時間だった、どんな進路を進むとしてもこの経験は生きていくはずだと思うことができた。S区に帰ってからも、息子の誕生会に誘ったり、わが家に泊まったりしている。これからもずっと関わり続けたいと思う。

10. おわりに

塚田くんの手紙に、私は次のような返事を書いた。

私が困った時には助けてくれるという言葉は予想外で、そんなことを言ってくれる人はなかなかいないのでとても頼もしく思えました。そんな時が来たら、遠慮なく塚田くんを頼りたいと思います。

塚田くんは逃げただけだと書いていましたが、私は逃げることに否定的ではありません。「逃げる」という言葉には否定的なニュアンスがありますが、福祉や教育の現場では積極的に逃げることをすすめる場面が増えているのです。例えば、いじめや虐待から、ハラ

スメントや体罰の現場から、依存関係にある家族から、関わるのが苦痛と感じる友だち関係から、逃げずに向き合ったり、闘ったり、我慢したりする人がどれだけ多いことか。そのために自分を擦り減らし、自己肯定感を失い、生きる希望を失ってはならない、自分を守るために、自分が自分らしく生きるために逃げなさいと言いたいのです。

　猫の足あとハウスに前に住んでいたある人は、ハウスから出ることになった時に「自分ができることとできないことがわかっただけでも大きな意味があった」と言ってくれました。その時に、私も教えられたような気がしました。世間の価値観や見方から自由になって自分の人生を歩んでほしいと思います。そのために、きみが経験したハウスでの生活、きみが出会った新たな人々が、きっと力になると思います。

　それに、一度家族から離れて客観的にお互いを考える期間があったことは、塚田くんにもご家族にも意味があったはずです。そういう意味では、同じ家に戻ることになったということではないのです。家族ときちんと向き合って来なかったと思っているのなら、これから、前より少し距離をおいて関われるようになったのではないでしょうか。

　塚田くんがいない生活は寂しいですが、そんなに遠くにいるわけではないので、これからもいつでも遊びに来てくださいね。

〈注〉
(1) 全国生活指導研究協議会の略称。小・中学校の教師を中心に、子ども集団の自治を発展させることを軸にした生活指導や集団づくりの指導法を研究

している。

【解説】

子ども・若者の貧困問題と支援の協働化

照本　祥敬

1．福祉と教育を結ぶ居場所づくり

　ＮＰＯ法人猫の足あとハウスの実践は、学習支援にとどまらず、食事の提供や住居の保障といった福祉的色彩を強く帯びている。そうなるのは、現代の子ども・若者に覆いかぶさる貧困問題の実相を的確につかみ、かれらが具体的にどんな支援を必要としているのか考えながら日々実践しているからである。岸田さんにとっての貧困とは、経済的要因による生活の困窮ばかりでなく、虐待、錯綜する家族関係、精神疾患、「いじめ」等の学校体験・職場体験などの人間関係や社会的関係における抑圧や排除と、この抑圧や排除から派生する孤立感や生きることへの不安の増幅といった状態にあることを意味する。ゆえに、かれらが安心して自分を表現し、他者への信頼やよりよく生きることへの自信をとりもどすための拠点づくりが必要になる。そのとりくみが岸田さんのいう居場所づくりであり、猫の足あとハウスが福祉と教育をつなぐ場として発展していく基盤になっている。

では、どのように発展しているのか、猫の足あとハウスにかかわる人たちのあいだにどのような世界が立ち上がっているのか——実践の展開にそってみていこう。

2．学習支援と子ども（集団）の成長

　無料の学習支援はＮＰＯ法人の前身の学び塾「猫の足あと」に始まる。家族ぐるみでのスタートである。当初の生徒集めの苦労が語られているが、翌年以降は近所の中学生の他に市内の教員や議員からの依頼や紹介によって生徒募集の苦労はなくなる。この事実は、すでに学び塾のとりくみが地域社会に認められつつあったことを物語っていよう。そして2016年に「猫の足あとハウス」が完成。中学３年生の勉強会に加え、小学生の「宿題クラブ」と中学１、２年生対象の勉強会も開設される。この猫の足あとハウスの学習支援の特長を４点ほど指摘したい。

　まず、学習への支援もさることながら、この空間が子どもたちの「居場所」になるようなかかわりを大切にしている。勉強嫌いや宿題をしない子どもへの対応をめぐる葛藤も抱えながら、何よりもハウスに通い続けてくれることを重視している。

　つぎに、上記の点とも関連するが、食事を共にしていることである。塚田くんによれば、岸田さんの料理は「うまい」のだそうだが、食事を出すのは空腹を満たすこと以上に、岸田さん家族も交えて食事することを大切にしたいからだろう。ゆったりと落ち着いた気分で楽しく食事をする。そういう雰囲気や他者とのかかわりを子ども

たちが肌で感じられるようにしたいのだ。

　さらに、ボランティアの学生など若者が先生役を務めることにこだわっている。「教える側にも感じたり、考えたり、学んだりしてほしいことがたくさんある」からだ。思春期真っ只中の中学生の「先輩」として相談相手になることでより魅力的な青年へと成長してもらいたい —— 教師生活が長かった岸田さんならではの願いだといえよう。

　最後に、とくに「宿題クラブ」では、自治的な子ども集団を育てる視点が大切にされている。子どもにとっての居場所には、おとなとの関係だけではなく、遊びや仕事などの活動を共有する仲間の存在が不可欠であるが、猫の足あとハウスの子どもたちは、かつての「昭和の時代の子ども集団」のように異年齢で活動し、交流を深める〈子ども期〉をくぐっているのである。

3．支援ホームと若者の自立

　猫の足あとハウスは、若者の自立支援ホームでもある。入居資格は「若者、入居期限は自立できるまで」というユニークさ。「制度の狭間にあって支援が受けられない若者につながればいい」という発想から設立された。開設時より入居者のほとんどは女性。唯一男性の塚田くんを含め、ここで暮らした若者は12人になるという。かれらにほぼ共通しているのは、親との関係が重くのしかかり、自分の人生を生きることが困難になっていたことである。

　こうした若者が岸田さん家族とともに日常生活を営む。生活空間

を共有する以上、時として各人の生活文化や価値観のギャップが顕在化し、感情的な対立も起こる。「関係づくりには、実は苦労した」と岸田さんが吐露するのも無理はない。それでも、「最初からルールを決めるのではなく、問題が生じたら入居者で話し合って解決する」という基本方針のもと、生活を自治的に運営していく力をかれらに育てようとしている。そうするのは、他者との関係づくりも含め、いまある自分の課題を見つめさせることで一人ひとりの自立への作業を励ますためである。かれらは、こうした生活空間のなかに身を置くことをとおして「家族」や「親」を相対化しつつ、これまでの支配的な「家族」像から自分を解放していくよう励まされていたのではないかと思う。「あるべき家族」像からの解放というテーマは、とくに女性への自立支援のあり方を考えるうえで非常に重要だといえる。

　さらに注目したいのは、支援する側の「自立」観の転換である。「自立のかたちや巣立ちのかたちを経済力とか、就職とか、卒業とか、結婚とか、アパートでの一人暮らしとか、固定のイメージで捉えていなかったか。そうではない、挑戦していることに意義があるのだと教えられた」。「一人暮らしをして、自分ができることとできないことがわかってよかった」というある女性の言葉を、岸田さんはこう受けとめる。いまある自分にできること・できないことを理解したうえで自分の人生を生きるための挑戦をすることが自立の姿だ、というのである。

4．支援の協働ネットワーク

　猫の足あとハウスの実践の中身について検討したが、最後にこの実践がもつ地域生活指導の意味あいに言及したい。学び塾「猫の足あと」から「ＮＰＯ法人猫の足あとハウス」に至るまで、実践の基盤にあるのは地域である。岸田さん家族、その友人、近所の住人、地元の学生、知り合いの教員や議員、生活保護・社会福祉の専門家、チャリティーコンサートの収益の一部を寄付してくれる団体、介護施設のお年寄り……と、猫の足あとハウスは、文字どおり「地域の力に支えられて」発展している。こうしたネットワークの拡がりに重要な役割をはたしているのが、「子どもの貧困に向き合う地域をつくる」ことをめざす「西東京わいわいネットワーク」とのつながりである。そこには個人だけでなく行政組織も含めさまざまな年代や職業の人たちが集い、子ども・若者の貧困問題の解決に向けた協働を展開している。

　貧困問題に胸を痛め、自分にできる支援をしたいとの思いをもつ人びとが出会い、協働の輪を拡大していく。協働の拡がりは、横のつながりだけではない。学び塾の一期生だった中学生が大学生となり「先生」として協働に参加する。岸田さんが「うれしい限り」と感激しているように、地域づくりの担い手となる世代の「循環」も生まれている。その意味で、この実践はまぎれもなく地域生活指導と呼ぶことができる。とはいえ、あまり堅苦しく考える必要はない。岸田さんのように、日々の新たな出会いを楽しみに活動し、地域に

発信していくことが人びとの協働と地域づくりを発展させてくれるのである。

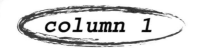

地域生活指導の展開

南出　吉祥

　2014年あたりから、「消滅可能性都市／地方創生」という用語が喧伝され、「地域」という課題がにわかに政策課題として指摘されるようになってきている。しかし、そこで言われる「地域活性化」は、産業振興や移住者の獲得にかかわる地域間・自治体間競争を推し進めていく「新たな統治」としての方向性が色濃く、人びとの日常的な暮らしとの乖離は大きい。

　他方で、こうした動向とは一線を画し、人びとの暮らしに根ざした地域ベースの実践もまた、各地で多様に展開されるようになってきている。この間急激に広まった「子ども食堂」がその端的なケースとして挙げられるが、不登校・ひきこもり支援やその居場所づくり、障がい児・者の働く場づくりや余暇活動支援、高齢者の生きがいサロンなど、生活圏としての地域を舞台にして、一部においては公的施策も取り込みながら、各種さまざまな取り組みが展開されている。それらは単に今日的な「ブーム」というだけでなく、古くは共同保育や子ども文化活動などに遡る一連の「生活の協同化」運動の一端として位置づけられるだろう。

　これら実践に共通しているのは、「当事者の暮らしの危機を乗り越える」という部分を起点にしつつも、それのみにとどまらない契機が含まれている、という点である。

　まず指摘できるのは、困難状況への対処というだけでなく、そ

の困難を生み出している社会的まなざし自体を問い直し、働きかけていくという方向性である。例えば「ひきこもり問題」は、「ひきこもっている」という状態そのものに由来する困難（経済的困窮、孤立、社会的経験の喪失など……）だけでなく、ひきこもっていることに対する周囲や社会の側のまなざし・否定的評価がもたらす困難が大きい。「ひきこもり支援」というと、ひきこもっている当事者への働きかけが想定されがちだが、実はその周囲の人びと（家族はもちろん、地域社会一般の認識も含む）への理解促進という活動も不可欠である。ひきこもり状態を「問題だ」と考える視点・規範こそがより深刻な問題状況を生み出しているという構図を乗り越えていくために、近年では専門家・市民・当事者など多様な主体が、それぞれの持ち味を活かしながら協同的に実践を積み上げ、排除に抗する地域社会を各地でつくり出しつつある。

　そしてもう一点、「生活指導」という観点においてとりわけ重要なのが、上記課題に向き合い活動していくこと自体が、かかわる人びとにとっての学びと育ちの場・機会になっている、という点である。例えば「子ども食堂」は、第一義的には「子どもたちのための場」であり、常にその原点に立ち返りながら活動を展開していくことが欠かせない。しかし同時に、その場をどのように運営していくか、どういった場が「子どもたちのため」につながるのかという実践的課題に対し、メンバー同士で対話し議論しあうなかで「決定」し、取り組んでいくという営みが、そこにかかわる人びとを育て、自治の文化を育んでいる、という機能がある。あるいは若者支援の現場では、「地域の抱える課題」に当事者の

若者たちが主体としてかかわっていく実践も多様に展開されている。地域課題に向き合い、その解決に向けた模索と格闘を仲間とともに取り組むことが、翻ってそこに従事する若者たち自身の学びと育ちに寄与していくのである。

「地域生活指導実践」とは、単に「社会問題解決のための手段」ではなく、地域社会そのものを再構築していく社会づくりの営みであり、その営み自体がそこに従事する人びとの暮らしと育ちを支える活動である。〈問題解決〉〈社会づくり〉〈主体の育ち〉という地域生活指導を構成する３つの層を分断することなく総合的に内包している実践をどこまで根づかせ、どの程度まで展開していけるか。そこにこそ、地域社会の未来が委ねられているのではないだろうか。

《参考文献》

若者支援全国協同連絡会『「若者支援」のこれまでとこれから ── 協同で社会をつくる実践へ』かもがわ出版、2016年。

日置真世『日置真世のおいしい地域（まち）づくりのためのレシピ50』ＣＬＣ、2009年。

北芝まんだらくらぶ編著『であいがつながる人権のまちづくり　大阪・北芝まんだら物語』明石書店、2011年。

山本耕平『ともに生きともに育つひきこもり支援 ── ソーシャルワークと協同的関係性』かもがわ出版、2013年。

広井良典編著『協同で仕事をおこす ── 社会を変える生き方・働き方』コモンズ、2011年。

第 2 章

児童養護施設における子どもの生活と自立支援

報 告　三輪 武彦・中島 賢吾
解 説　櫻谷 眞理子

【実践報告１】
児童養護施設「おおぞら園」の実践

三輪　武彦

1. 子どもたち一人ひとりの思いに寄り添う実践

（1）信頼感・安心感のある生活と人間関係の構築

　近年、児童養護施設に入所する子どものほとんどが、何らかの虐待を受けている。さらに、自閉症スペクトラム（ＡＳＤ）、注意欠如多動症（ＡＤＨＤ）、限局性学習障害（ＬＤ）といった発達障害の診断を受けている子どもも増えている。何か嫌なことがあると急に暴れる子や外に怒りを発散できずに自傷行為をしてしまう子もいる。万引きや深夜徘徊など、行動化が激しくなる子どもも多い。大事にされた経験が乏しいため、生きる意欲や希望を失い、生きていることに疲れを感じる、と口にする子どももいる。

　子どもたちの多くが無条件に愛されることがなく、自分の存在を否定されるような体験をしている。こうした過酷な環境を必死に生き延びてきた子どもたちへの支援を行う際に、大人との普通の関係を体験してもらうことが大事だと私たちは思っている。支配・被支

配の関係ではなく、人として尊重されることを積み重ねることで相手を尊重して接することができるようになる。施設生活への適応を図るために、集団のルールを守ることや大人の価値観にもとづいて子どもを指導するのではなく、子どもの気持ちに寄り添い、欲求やニーズを満たしてあげることを優先している。

　子どもたちが自分は大事な存在だということを実感し、安心感が増すと、怒りの爆発など虐待による負の影響を断ち切っていくことができるようになる。さらに、自分の気持ちを言葉で表現し、仲間同士で伝え合うことができるようになると、お互いを理解し合えるようになる。その上に築かれる信頼感・安心感のある人間関係がベースになって、学校や社会へ向かうエネルギーが生まれてくるのだと思う。

（2）子どもたちのリクエストに応える食事

　20年程前に中学生数名が酷く荒れた時期があった。夜になると、どこかの部屋に集まって騒ぐ、屋上を駆け巡る、廊下を自転車で走る、ケチャップやマヨネーズをまき散らし、叱責する日が続いた。しかし、当時の主任（現園長）は、荒れている子をコンビニやマクドナルドに連れていくようになる。問題行動ばかり起こしているのにどうして甘やかすのかと思っていたが、徐々にその中学生達が落ち着き始めた。そこで、同じように見様見真似でやってみると、「お前がうざい」と話しにならなかった今までの状態から、「ありがとう」「みんなもうちょっと遠慮しようや」と気を遣う言葉が出るようになり、自然といろんな事が相談できる関係に変わっていった。

その頃から、食のニーズに対応することが生活支援の要の一つになっていった。

例えば、多くの施設は、(かつての私たちもそうであったが)栄養バランスや好き嫌いをなくすのを優先する。学校の給食で残さず食べるとそのクラスが賞を貰えるのと似ている。入所してくる子どもの中には、躾と称してお菓子やジュースを一切与えられなかったり、逆に毎日コンビニ弁当や菓子パンを食べていたりする。そのため、酷い偏食になる子どもも多く、食事を残さず食べることはかなり難しい。栄養バランスのよい食事がテーブルに並ぶことは大切だが、子ども一人ひとりの食のニーズに対応し、食の要求を満たすことが子どもの安心感、満足感に直結するといってもよい。

(3) どんな時でも話し合いが基本

私たちの園では体罰による指導を禁止し、話し合いを中心にした支援を行っている。問題を起こした子どもに罰を与え反省させて、行動を抑制させるのではなく、話し合いで解決する方法を一緒に考えていく。

私が就職した30年前、いかなる体罰も禁止することと、話し合いで解決することが定着していた。例えば、子どもが万引きをした時も、当事者同士の話し合いだけではなく、ホームの子どもたち(当時16名〜18名)全員で話し合いをして、問題を解決しようとしていた。しかし、その頃は万引きした子どもが自分の生活を振り返って気づいたこと述べ、今後どう生活していくか自分なりに考えたことを話し、みんなからも意見を貰う、そんなやり方だった。子

どもの考えがまとまるまで、1～2時間待つこともあった。結局、万引きをしないために生活を頑張ることになり、まず学校から帰ったら宿題をし、居室の掃除をし、洗濯物を片付ける、といった規則正しい生活をする決意をすることもあった。振り返ってみると、こうした話し合いが子どもをコントロールする手段となっていたように思う。

その後、職員間で学習を重ね、共感や育ち合いを重視するようになり、話し合いの方法も変わっていった。ある時、私の担当していた中学生が園内で大騒ぎし、全体会（子どもと職員、全員集まっての話し合い）を開いた。そのことを中学生に告げると、俺は参加しないとの返答。それに対して私は、「話し合いで問題を解決していくのが、園のやり方。話し合いを拒否するならここでの生活は無理だ」と伝えた。

このやり取りを主任に報告したところ、「話し合いをしたらよりよい生活ができるとは思うが、話し合いをしないと園での生活は無理だとは思わない」と言われ、まだ話し合いで子どもコントロールしようとしていることに気づかされた。この後、当事者抜きで全体会を行い、騒ぎを止められなかったことを職員は子どもたちに謝罪し、どうしたらよいのかみんなで話し合った。

(4) 全体会とホーム会議の位置づけ

ある研集会で、暴力行為などの人権侵害が行われた時や職員や子どもが酷く困った時には全体会が開かれると紹介をした。「子どもの自由時間を奪うことは人権侵害にならないのか？」と質問され、

「子どもに呼びかけるが参加は強制ではない、それでも子どもたちは集まってきます」と返答した。話し合いへの参加は任意なので、問題を起こした子どもが参加しなかったり、話し合いの途中で参加者が退席したりすることもある。当事者がいないのに話し合っても意味がない、と子どもがいうこともある。そんな時は、これだけの子どもたちと職員が暴力はよくないと思って集まってくれただけでも嬉しいと伝えた。

　全体会の目的は事実の伝達とその事実に関する気持ちの共有（シェア）である。暴力を受けた子どもの辛さに共感するだけでなく、それを周りで見ていて怖かった子どもの気持ちも共有する。家で親から受けた暴力を思い出して辛かったと話す子どももいる。職員も、参加者として、暴力に関してどう感じているのか話をする。なお、当事者が参加していても、発言を強要されることはなく、話したい（共有したい）人だけが発言する。司会役の職員は、発言者の気持ちの部分に焦点をあて、話し合いが追及にならないようにファシリテートする。ユニットごとにホーム会議と称して、話し合いは定期的に行われている。みんなが暮らしやすくするために、分かち合いたいことを中心にやりたいことや困りごとなどについても話し合う。

　ある時、17歳の入所者が夜中に騒ぐ他児に怒って暴力を振るう事件が起こった。翌日も早朝から仕事なのに眠れなくて腹が立ったとのこと。全体会前には、手を出したことについては反省をしていたが、全体会になると、騒いだ他児を責め立て、職員が止めなかったことを非難し、自分の暴力は間違っていない、と主張した。暴力での解決はよくないという職員の意見は耳に入らず、騒いだ子ども

たちに詰め寄っていった。全体会はそこで打ち切られ、職員会議で全体会に参加した職員の気持ちの共有が行われた。子どもが主張する「正義の暴力」に対してどう立ち向かって行くかが課題になり、全職員で暴力をテーマに考え、調べて発表することになった。そして、一人ひとりの職員が暴力に対して自分の意見を持ち、全体会でも自分の気持ちを伝えるようになった。こうして、どんな理由があっても他人を傷つける行為は許されないという考えが子どもたちにも浸透していった。

（5）子どもたちが自分の言葉で話せるように

　今までの生活の中で自分の気持ちを言葉で伝える経験が少ない子どもが多いので、うまく話せないことも多いが、こちらが傾聴するうちに徐々に話せるようになっていく。子どもがよく口にする「きしょい、死ね」のような言葉の裏側にある気持ち、不快感や不安もしくは恐怖感などに気づき、できるだけ言葉にできるように支えていくことが大事だと思う。

　子どもが自分の気持ちを伝えてきたら、自分の考えを付け加えずにしっかりと傾聴する。他人や自分を傷つけていた子どもが、嫌な気持ちに気づき、言葉で表現し、相手の気持ちも聴いて話し合いで解決できるようになっていく。子どもがこのようなコミュニケーションのスキルを身につけることも自立のために重要な力だと考えている。

2．事例を通して

＜事例１＞集団では落ち着かない子どもへの支援

（1）他の子どもたちとのトラブルが頻発する

　朝8時、勤務先の児童養護施設で小学4年生の友弥が暴れているので直ぐに来て欲しい、と宿直明けの職員から連絡が入る。詳しい状況が分からないまま、急いで園に向かう。到着し玄関を開けると、大声と何かを叩く大きな音がする。急いで階段を上がると、ホームのドアの前で友弥が木製のドアを叩き叫んでいる。どうやら、何らかの理由でホームから締め出された様子。まず落ち着かせようとするが、まったく落ち着かず、ドアが壊れそうだったので、鍵を開けて友弥と中に入る。部屋に入ると友弥は落ち着いた。ホームにいた中学生たちに話を聞く。

　友弥が生活しているホームは、小学生～高校生6名。食事は、ホーム毎で食べている。その日は、中学生Ａ男、Ｂ男と小学生Ｃ男で朝ご飯を食べながら、ゲームの話をしていたところ、居室で寝ていた友弥が起きてきて、食事中の彼らに「うるさい！」と苦情を言った。それに対し「お前の方がいつもうるさいやろ！」と中学生らが言い返した。確かに友弥は、普段から落ち着かなくなると、物を叩いたり、奇声を発したりする。それで言い合いになり、友弥が興奮し、虫よけスプレーを持ち出して彼らが食べていたパンや中学

生の個室にあるTVなどにふりかける。これに腹を立てた中学生らが友弥をホームの外に出し鍵を閉めたとのこと。とりあえず、登校時間になったので学校に行く子どもたちを送り出し、友弥とホームに残る。振り返りをしても自分は悪くないと主張し続けた。

（2）集団の中では落ち着くことができない

友弥は父母の離婚後に母と二人で生活していたが、母が病死したため伯母の家に引き取られる。そこでも安心できる状況ではなく、伯母からの虐待で入所してきた。入所時は小学校2年生だったが、パジャマ姿のまま自転車で小学校に行き、先生に制止されると暴れる、外出先で同じ施設の子どもを見つけて殴りかかる、入浴後に裸で廊下を走る等の行動を繰り返した。体が小さかったので、職員が抱っこすると、落ち着くような状態だった。当時のホームは人数が16名前後で居室が3～4人部屋だったことも、友弥が落ち着かない原因の一つだったと思う。

友弥が3年生の時に施設を全面改築し、1ホーム8名定員の小規模ユニット制になった。ホームの人数が減り職員も増えたので友弥の生活は落ち着くかと思われたが、他児の刺激に過剰に反応してしまい、落ち着いて生活することができないようだった。

（3）職員が一対一で関わることになる

施設の事例検討会で友弥への支援が話し合われる。ホームの職員から、集団で抱えていくには限界がある、と意見が出る。確かに音

への反応が過剰で、酷い時は風の音に腹を立てることもある。虐待の経験から、他児が職員と買い物に行くと「ずるい」と腹を立て追いかけることもある。ある程度、落ち着くと話はできるが、その経験が積み重さなることがなく、同じようなトラブルを繰り返す。友弥の暴力について一度全体会を開いたが、途中で怒り出し、園を飛び出して外から石を投げてきたこともあった。

　どうしたら友弥が落ち着いて生活ができるのか、みんなで考えた。職員が一対一で対応している時は、落ち着いている。しかし、集団になると、他児が気になってしまい落ち着かなくなる。そこで、朝起きてから夜寝るまで、職員１人が友弥の横について生活してみようということになった。１ホームを４人の職員で担当している。午後の時間帯は常時２名の職員がいるので、１人の職員が友弥につくのは可能だった。しかし、午前中は１名になるので、主任がホームに入ってサポートする。もちろん、ホームの子どもたちにも相談したが、「あいつ面倒くさいし、そうして」という意見にまとまる。

（４）友弥が好きなことを一緒にする日々が続く

　翌日から職員が１日中相手をする。ほとんど登校しないので、午前中から友弥の要求を聞いて外出をする。ランニング、サイクリング、山歩き、コンビニへおやつを買いにいく、公園でキャッチボール、サッカー、バスケット。時には、交通公園まで脚を運んでゴーカート。動物園、アスレチック、映画館等にも行った。午後からは違う職員とバトンタッチ。温水プール、釣り掘り、漫画ミュージアム、鉄道博物館などにも連れていった。食事は外食、スーパー銭湯

に入って帰ってくると21時。歯を磨いたらそのまま就寝。他児と関わる時間が減ったこともあり、トラブルはほとんど起こらなくなった。

　活動意欲は高いので習い事もいいかと思い、剣道や少年野球の体験もさせてみた。その中で卓球教室に興味を持ち、週1日1時間通うことになった。これが意外と続き、半年程経った時、突然選手コースにいきたいと言い出す。選手コースは週6日で、1日の練習時間は平日で3時間、休日は4時間。どう考えてもそれは無理だろうと思い、コーチに相談してみた。すると、せっかく続いているのに選手コースだとついていけなくなり、辞めてしまうのが心配と言われる。しかし、友弥の思いは強かったので、選手コースが無理だったら普通コースに戻る条件で始めた。1日目、2日目と順調に続き、3時間の練習をこなして帰ってくる。集合時間に遅れてはいけないと、30分前に到着するように出かける勢い。学校では教室に座っていることもできない友弥だが、職員の予想を裏切り、選手コースを休むことなく続けた。卓球が軌道に乗ってくると、毎日の職員との外出が少なくなり、学校に通う姿も時々見られるようになった。

（5）韓国遠征を通して、生活力も育つ

　選手コースに移り半年程経った時、卓球教室のコーチから韓国遠征（日韓スポーツ交流）の誘いがあった。友弥の頑張りを評価しているとのことだった。1週間の滞在なので、大丈夫かと職員は不安に思ったが、本人は乗り気で話を進めることになる。学校に行っても

1、2時間で帰って来る。学校からは宿泊学習には職員が付き添うことを要請される。ひとりで入浴することも怖くてできない。そんな友弥にとって、海外遠征は凄い冒険になる。そこで、説明会やミィーティングの時に引率される代表団の方に友弥の発達的な特性を説明した。パニックを起こして手がつけられなくなったら職員が韓国へ迎えに行くこともお伝えしたが、すべて任せてくださいと、心強い言葉をいただく。友弥は、遠征前には、ひとりで入浴し、靴下や下着を自分で手洗いすることにも取り組んだ。

夏休みの出発の日、友弥は「日の丸」がプリントされたユニホームを着て韓国へ向かった。職員は万一の迎えを予期しつつ、その要請が来ないことに胸をなでおろす日々を送った。7日目、帰国した友弥を迎えにいくと、代表団の先生方や仲間と別れを惜しむ姿から満足感、充実感があふれ出ていた。帰りの車中で、話が止まらなかったのは言うまでもない。園に帰ってトランクから出てきた大量のお土産。それを笑顔で配る姿に韓国に行けて本当によかったと思う。

今も友弥の卓球は、順調に続いている。時々トラブルはあるが、生活も落ち着いてきている。学校へは行けない日が多いが、「勉強がしたい」「学校に行きたい」と言う気持ちになるのを待って、その時にはまたじっくり付き合っていきたいと思う。

（6）職員の「体内コミュニケーション」

友弥のように学校に行けない、不登校のケースも多くなっている。20年程前は学校に行けない子どもに対して、私自身がとても不安

な気持ちを抱いて接していた時期があった。子どもは学校に行かせるべきという考えが優先して、学校に行かない子どもを責めることもあった。そんな時に園内研修で自分の気持ちに気づくトレーニングが始まった。輪になって座り、自分の今の気持ちに集中し、伝えたい気持ちになったら、みんなに伝える。伝えたいと思わなかったら伝えない。沈黙が続く時もあるが、子どもに対して、〜すべきという考えにとらわれずに自分自身との対話を続けるという「体内コミュニケーション」を図り、それを伝えることで自分の気持ちがとても楽になる体験をした。

　実際に、学校に行けない目の前の子どもに対しどんな気持ちになるのかを考えた時、自分自身には困った感じは無い。困っているのは子ども自身で、子どもが学校に対して抱いている辛さやその時の気持ちに寄り添うことが支援になると気づいた。それまでは、病気でもなく学校を休んだら、１日中部屋で過ごさせるか、ベッドで寝ていなさいと指示するだけで、声を掛けることもあまりしなかった。その頃、ある研修で講師の先生が不登校の事例について「この子は心から血を流している」と話されたのが今でも心に残っている。

＜事例２＞保育士になりたいという夢を見つけた高校生への支援

　香織は虐待で他の児童養護施設に入所していたが、夜間の無断外出や喫煙、万引きを繰り返し、施設での対応が困難になり、児童相談所で一時保護となる。一時保護中に全日制高校を受験し合格。中学卒業後、当施設に措置変更で入所をしてきた。中学は勉強についていけないことを理由に不登校状態だった。

高校入学式当日、「あんな学校嫌」、「先生が嫌、強制的なところが無理」という。次の日は登校するが、「もう学校辞める、行きたくない」と2日で学校に行かなくなる。香織は通信制か定時制に行って、将来は専門学校に行きたいと話す。職員も今の高校に香織が適応できるとは思えず、一緒に進路変更を考えることになる。香織と一緒に学校見学に行き、秋から通信制の高校に通うようになった。平日はアルバイト、土・日はスクーリングという生活になる。一方、喫煙や深夜徘徊は止まらず、持っていた煙草を預かると、イライラしてガラスを割ったり、深夜に他の高校生と騒いだりすることもあった。

　深夜徘徊はその都度、警察に捜索願を出していたが、止まる様子がなく、何日か帰って来ないこともあった。しかし、園内では沖縄三線のクラブに入り、年下から慕われて、練習にも真面目に参加していた。夏休みに沖縄に行く話が持ち上がると、それに向けて生活は少し落ち着きを見せてきた。沖縄では平和資料館へ行き、現地の人の話を真剣に聞いていた。現地での発表会でも生き生きと演奏することができた。しかし、沖縄から帰った後、盗んだバイクで事故を起こし、大怪我をして入院する。

　アルバイトは人間関係のしんどさから長続きしなかったが、通信制の高校は順調に続き、児童養護施設の職員になりたいという夢を持つようになった。それを聞いた高校の先生から、系列の短大への推薦入学を勧められた。本人も、高3の夏に短大の保育科に進学したい、と言うようになる。短大に週5日通って一日中居られるのか（高校は土・日だけ）、学費を借りて途中で辞めたら多額の借金が残るのが心配だったので、園内の事例検討会でも話し合った。この頃に

は、深夜徘徊や、無断外泊はほとんどなくなっていた。

　保育士になりたいという夢を応援したいという意見が出た。園での年少児への関わりを見ていると、香織の強み（ストレングス）を活かすことにもなるのではないかとの意見も出た。話し合いの結果、毎日、朝起きてフリースクールに通うこと、煙草をやめることができたら、短大の受験（推薦）を応援する、と香織に伝えた。それからは、香織なりに頑張る姿がみられ、朝からフリースクールに通い、夕方からバイトに行く生活が続く。途中、タバコが見つかるなど、約束を守るのが難しくなり、「もうどうせ無理やろ」と投げやりになることもあった。しかし、失敗しても次は頑張ろうと思えるようになって欲しいと伝え、本人の意思をもう一度確めると、進学の気持ちは変わっていなかった。

　香織は短大の保育科に合格できた。進学後も、毎日の授業や、友人関係で辛さを訴えることもあったが、短大の先生の丁寧な対応や本人の頑張りもあり、施設実習、保育実習も何とかやり遂げ、進級できた。2年目には、実習のしんどさから登校できない時期もあったが、何とか実習をやり遂げ、保育士資格取得見込みとなった。6月に20歳を迎え、児童養護施設の措置が解除になるので、その後は自治体の自立支援事業によって月々10万円程の生活費の支援を受けて卒業まで園内で生活することになる。

3．まとめ

　私たちは、子どものニーズを充足することと「問題解決の過程」

ではなく「成長と変化の過程」を大切にした生活援助・生活支援をしている。周りに迷惑をかけたり、問題行動を繰り返す子どもを前にすると、大人の価値観や枠で縛り、指導に従わせるといった対応策に陥りやすいが、問題行動の背後に隠れているその子のニーズを考えたり、その子の強みに着目し、そこを伸ばしていき、自己決定ができるように手伝いをするといったことが大切だと思う。香織の支援では職員が諦めずに、寄り添い続けたことが彼女の自立に向けた歩みへの大きな支えになったと思われる。

　香織は施設生活を振り返り、園では甘えるだけ甘えたかったと語っている。おおぞら園に来るまでは、何でも自分でしなければならなかったので、園では色々やってもらいたいと思っていたことなども話している。担当職員は短大入学後も香織の支援として、時間の許す限り、居室の掃除や洗濯をした。自立支援の基本はそこにあると思う。「いっぱい甘えて、いっぱいやってもらって、受け止めてもらって、もう満足しました、と言って自立するものだ」と前園長は述べていたが、自立支援の本質を示していると思う。

【実践報告Ⅱ】

地域小規模児童養護施設「柿の木ホーム」の実践

中島　賢吾

1. 本園から離れた山村地域に開所したホーム

　児童養護施設の形態も大舎制から小舎制への移行が進み、実践面でも「家庭的養護の促進」、「個別化」が強調され、あたりまえの生活を保障していくことが重視されるようになった。本園でも小規模ユニット化を図る一方で、地域社会と密接にふれ合う中で子どもを育み、社会的自立をめざしたいという思いから、柿の木ホームを開所することになった。

　「柿の木ホーム」は本園から車で約1時間離れた100世帯ほどが暮らす山村にある。この地域は過疎化が進み、小中学校に通う子どもの数も年々減少し、廃校になる恐れがあった。学校は地域のコミュニティの中心的な存在であり、廃校は地域の衰退に繋がる。しかし、柿の木ホームの子どもたちが通うようになると、学校の存続が可能になる。こうした事情もあり、地域の人たちは施設を造ることを受け入れてくださった。本園から20キロ以上離れているため、

連携をとることが大変になるが、日本の里山100選にも選ばれた自然豊かな地域で生活することの魅力と、小規模校ならではの手厚い教育を受けられるというメリットは大きい。

　建物の設計にも工夫を凝らし、ロッジ風の平屋建てにした。リビングには薪ストーブも設置した。定員は6人で、2人部屋が3室ある。子どもたちが通うようになっても小中学校の全校児童は10数人。1クラス1～2名程度のクラス編成で、きめ細やかな教育を受けることができる。

2．薪割りや雪かきなどの生活体験

　柿の木ホームが開所して8年の月日が経とうとしている。現在、小学生から高校生の子ども6人が生活しているが、地域の方々との関わりもたくさんある。自然に囲まれたこの地域での生活は変化に富んでおり、いろんな体験をすることができる。社会の中で子どもは育つというが、まさに社会の中で子どもが育っていくプロセスが実感できる。

　子どもたちが初めて体験したことがたくさんある。薪割り、野菜作り、雪かき、山菜取りなど……。おぼつかない手つきでやっていると、いつも手伝いに来てくださるご近所の方がサポートしてくださる。まだ半人前だけど、何かとできることが増え、それが喜びと自信へ変わっていく姿を見ることができる。子どもたちと話し込んでいると5分…10分…15分とあっという間に過ぎていき、子どもたちからの「お腹すいた〜」の声で慌てて夕ご飯の支度を始めるこ

ともしばしばである。

　もう一つ、食に関することを述べたい。この地域は農業が中心ということもあり、とても美味しい野菜が採れる。玉ねぎが嫌いで食べられなかった子どもが、ここの玉ねぎを食べると「美味しい、甘い！」と、生で食べられるようになった。農家の方から「野菜嫌いの子は本当の野菜の味を知らん、だから食べられないのだ」と言われたが、その通りだと思った。子どもたちは、「○○さんにしいたけもらったで〜」と持って帰ってきたり、柿の実をもいできたり、栗を拾ってきたりする。ふきのとうを採取して、天ぷらにして食べることもある。「苦〜い」と言いながら食べてみて、その味を覚えていく。

3．地域の人たちに見守られる中で育つ子どもたち

　この地域は、四季折々の行事が盛んである。春のお花見を楽しみ、夏祭りには地域特産の野菜を使った料理を堪能し、ハロウィン祭ではお化けかぼちゃを作り、どんど焼きで新年のあいさつを交わすなど、たくさんの行事に参加させてもらっている。今年のどんど焼きの日は、本園に習い事をしている子どもを送って行く用事があり職員はいなかった。しかし、同級生の親が留守番をしていた子どもたちに「よかったらおいで」と声をかけてくださったようで、職員が戻ったときには地域の人たちと一緒にどんど焼きを楽しんでいた。こうした地域の行事に参加したり、いろんな人たちと日常的にふれ合ったりすることは、職員も経験してこなかったことで貴重な体験

だと思う。

「コンバインに乗りたい！」と子どもがいうと、稲刈りの最中にも関わらず、快く乗せてくださる。「散髪に行くから一緒に行かへんか」といつも誘ってくださる人もいる。「焼き芋したから食べへんか」と、お芋を持って来てくださる。「バーベキューするから一緒にどう？」と誘われたりもする。朝起きられず、一人で登校している子どもに「寝坊したんか。遅刻するぞー」と声をかけてくださる。こうした日々の暮らしを振り返るだけでも、地域のたくさんの人に子どもたちは守られて育っていることを実感できる。

ある夏の日、近所の方からちょっと話があると言われて出かけた。すると、子どもが田んぼに石を投げ込み、水路にも石を積むので困っている、という話を聞かされた。稲の生育にも関わる大問題なので、ホームに帰ってすぐに子どもと一緒に現場を見に行った。子どもも謝りたいというので、早速家にも謝罪に行った。すると、農家の方は米作りについて話してくださった。米作りにかける農家の方の思いを知り、自分のしたことの意味がわかったようで、その子にとって大きな成長の機会になった。

開所当時「子どもの声が聞こえなくては地域の活性化はありえない」と応援してくださったが、この地域の方々は今も変わらぬ気持ちで子どもたちに接してくださっている。学校の帰り道に話しかけられても恥ずかしそうに小さな声でしか返事ができなかった子どもたちが、今は「おかえり」と声をかけられると、「ただいま！」と元気な声で返事ができるようになった。

学校やＰＴＡとの関わりも重要である。学校は小規模校の特色を活かした教育をしている。１クラス編成は１～３名という少人数で、

手厚く勉強を教えてもらえる。子どもは、じっくりと学習を深めることができ、またふきやワラビ取り、野菜作り、田植え、稲刈りなど、この地域ならではの課外授業も楽しむことができる。家庭数が少ないため毎年ＰＴＡの当番が回ってくるので大変だが、他のＰＴＡの方との協力関係が深まる機会にもなっている。

4．まとめ

　職員自身も地域との関わりを大切にしている。すぐに名前は覚えてもらったが、ホームや子どもたちのことを知ってもらうまでには時間がかかりそうだった。そんなときに、設立当初から関わりがあり、一緒にＰＴＡの活動もしている地域の方から消防団への入団を勧められた。この地域の20歳から60歳台の男性のほとんどが入っておられたので、断る理由もなく入団した。職員も住民の一人として地域の活動に参加していくことで、ホームと地域との関わりも密接になり、地域に受け入れてもらえるようになっていった。
　「柿の木ホームで暮らしていた子どもたちが自立して大人になった時に、この地域を自分が育ったふるさとと感じてもらえたら」と地域の方が話された言葉が忘れられない。そう思っていただけていることに感謝しつつ、子どもたちが巣立つまで寄り添い、見守っていきたいと思う。

【解説】
子どものニーズ・願いに応える児童養護実践

櫻谷　眞理子

1．子どもが主体の生活づくり

　家庭の事情で親と一緒に暮らせなくなった子どもたちを養育し、自立への支援をおこなっている「おおぞら園」と「柿の木ホーム」は、施設というよりも多人数で暮らす家庭のような雰囲気である。虐待の影響で愛着の問題や「発達性トラウマ障害」を抱えている子どももいるため、人間不信や無力感、絶望感から情緒が不安定になり、やり場の無い怒りや悲しみ、苛立ちを職員に向けることもある。しかし、職員たちは解決を急がず、そうした行動の背景にある複雑な心理状態を理解し、ゆっくりと育てようとしていることがうかがえる。

　子どもたちが絶対に守らねばならない施設のルールは二つである。一つは暴力をしない、二つは帰りが遅くなる時には必ず連絡する。それ以外は、話し合いで決める。何時に起きるのか、いつお風呂に入るのかといったことは、自分の予定に合わせて子ども自身が考える。各ホームの人数は6人から8人、共用スペースの周りに個室が

設けられている。家庭用の浴室とシャワー室もあるので、早朝でも夜中でも利用できる。

　これまでの生活体験や心理状態によってそれぞれの生活力が違うので、身辺の整理も職員が手伝っている。三輪さんも一人ひとりをよく見ていて、けっして無理なことはさせない。「どうしたいの？」、「どうして欲しいの？」と聞きながら、生活支援・生活援助がなされていることがうかがえる。

2．子どもたちの食へのニーズに応える

　子どもたちがテレビを見たり、宿題をしたりしている側で、職員は食事を作っている。煮魚が嫌いな場合は調理法を変えたり、別の料理を作ったりもする。土・日は好きなものを作って食べる日なので、みんなで食材を買いに行き、調理をする。子どもの希望で外食することもある。

　このように家庭に近い食生活になっていることがうかがえるが、さらに特別なニーズを持つ子どもへの対応もなされている。園の食事は拒否して、マクドナルドのハンバーガーを食べたい、という子どもに職員が毎日付き添ったこともあったようだ。こうした対応について、三輪さんは甘やかしになるのではと思ったことがあったと率直に述べている。しかし、○○を食べたいという欲求が満たされると落ち着く子どもの姿を見て、この実践の意義を理解したと述べている。その後、こうした関わりが必要な子どもがいることを想定し、補食費が予算化されている。

3．自分たちで考え、話し合って決める

　何か相談したい事や困り事が生じたら、話し合いで解決することをめざしている。子ども同士のトラブルが起きた時も、「話し合いしよう」と声をかけ合う姿が見られる。しかし、こうした話し合いが定着するまでには、失敗もあったことを三輪さんは述べている。全体会を開いても、問題を起こした子どもを非難し、責任追求の場になってしまったという苦い経験も述べている。その後、相手を責めない、批判しないコミュニケーションスキルについて職員も学び、どのようにファシリテートするのか、進め方にも気を配るようになっていった。今ではみんなで解決策を考える場であることが共通理解になっている。参加しないことも認められるので、当事者不在で話し合いがなされることもある。どういうことが話し合われたのか、職員は参加しなかった子どもたちにも伝えるようにしている。

　話し合いを通して、子どもたちは価値観の違いや考え方の違いに気づき、自己理解や他者理解が深まっていくことがうかがえる。こうした経験が人との関係を築いていくベースになっていくと思われる。

4．地域の卓球サークルに通い、成長した友弥くん

　集団の中にいると落ち着かなくなる友弥は、学校でも暴れて2時

間もいられない日が続いていた。ホームの子どもとのけんかも絶えない。ある日、友弥への対応について、職員集団で話し合った結果、子ども集団からはずして職員が一対一で関わってみようということになった。その翌日から、職員は友弥の要求に応えて、釣りやスーパー銭湯に出かけた。遊びに行くだけでなく、おけいこ事もいろいろ経験させてみた。

　どれも続かなかったが、卓球には興味を示した。毎日練習がある選手コースに入りたいというまでになり、韓国遠征にも選ばれて行くことになる。ひとりで入浴もできないので心配したが、友弥は入浴の練習を始め、下着や靴下の手洗いもするようになった。連絡があったら韓国に迎えに行く覚悟で見送ったが、友弥はおみやげをたくさん抱えて、誇らしげに帰って来た。

　この事例は、職員との関係が支えになっただけでなく、地域の卓球教室の人たちとの交流、とりわけ韓国遠征の時に自分に任せてくださいと言ってくれたコーチとの出会いが友弥の成長につながったことを示している。

5．保育士になる夢を見つけた香織さん

　深夜徘徊、無断外泊を繰り返していた香織は、高校に入学したのも束の間、初日に嫌だと言い始めて2日後に退学してしまう。通信制高校に入り直して、何とか高校は続けていたが、生活は落ち着かなかった。しかし、高校の先生の勧めもあり、保育士になって子どもたちのケアをしたいから短大に行きたいと言い始める。合格して

も続けることは難しいと思う気持ちもあったが、受験したいという香織を応援することを決める。目標ができたことで自分をコントロールする姿勢も見られるようになり、短大に合格し、毎日通うことができた。保育実習もやり遂げ、保育士資格を取得する見込みである。こうした香織の挑戦は施設の他の子どもたちにも希望を与えたと思われる。

6．地域とのつながりの中で育つ子どもたち

　「柿の木ホーム」の子どもたちは少人数で暮らしており、日々の生活を共にする職員との関わりも密だが、職員の数は限られているので負担や責任は重いと思われる。しかし、不思議なことに中島さんはいつも自然体で子どもたちとふれ合い、生活を楽しんでおられる。子どもたちの育つ姿をゆったりと見守り、けっして追い立てようとしない。
　子どもたちは地域の人たちとの関わりも多く、気軽に声をかけてもらい、農作業を体験したり、生活の技を教えてもらったりしている。「自然に囲まれたこの地域での生活は変化に富んでおり、いろんな体験をすることができる。社会の中で子どもは育つというが、まさに社会の中で子どもが育っていくプロセスが実感できる」、また、「子どもたちが初めて体験したことがたくさんある。薪割り、野菜作り、雪かき、山菜取りなど……。おぼつかない手つきでやっていると、いつも手伝いに来てくださるご近所の方がサポートしてくださる。まだ半人前だけど、何かとできることが増え、それが喜

びと自信へ変わっていく姿を見ることができる」と中島さんは書いている。

　中島さんは地域の消防団に入るなど、地域の人たちから頼りにされる存在になっている。こうしたことも「柿の木ホーム」が地域に根づく要因になっていると思われる。「子どもたちが自立して大人になった時に、この地域を自分が育ったふるさとと感じてもらえたら……」と地域の方が語られた言葉を紹介し、そう思ってもらえることに感謝したいと述べている。

　三輪さん、中島さんの実践から、子どもたち一人ひとりのニーズや願いに応える生活支援がなされるなかで、自分を大事な存在だと思えるようになり、人を信頼する気持ちも育まれることがうかがえる。また、子どもたちの生活を通して、「自立の力がどのようにして育まれるのか」、いろいろな視点で論じておられる。自立支援を考えるうえでも貴重な実践だと思われる。

column 2

児童福祉の現状と課題　　　　　浦田　雅夫

　少子化のなか、児童相談所の児童虐待対応件数は増え続けている。また、親からの虐待による死亡事例が繰り返し報道され、児童相談所が関わっていたのに、なぜ子どもの命を救えなかったのか、児童相談所体制の強化、警察の介入強化、早期の親子分離、加害親への厳罰化などを求める声が聞かれる。しかし、児童虐待は、親子を分離して、親を罰すれば終わりという単純なものではない。親子分離によって、子どもたちは当面の安全が確保されたとしても、医療的・心理的ケア、社会的養護のなかでの育ち、状況によっては措置変更、親子関係の再構築、その後の家庭復帰あるいは社会的自立等、きわめて個別的であり、かつそれぞれに複合的な他の困難な課題も併せ持つ。とりわけ、社会的養護を終えた後、家庭復帰が見込めず、社会的自立を迫られる若者の不安は大きく、生きづらさを抱え続けるものも少なくない。最近、大変残念なことに、社会的養護の自立支援に尽力されていた児童養護施設若草寮の施設長、大森信也さんが殺されたという知らせがあった。そして、殺人の疑いで逮捕されたのは、施設を退所した22歳の若者であった。愕然とした。大森信也さんは、遺された著書『施設で育った子どもの自立支援』明石書店（2015）の冒頭、こう述べている。

　「近年、子どもたちが施設を退所した後の様々な課題が明らか

にされつつあります。しかし、それらすら氷山の一角なのではないかと思います。なぜなら、本当に困っている人の声は、なかなか世間には届き難いのが世の常だからです。特に18歳（措置延長で最長20歳まで）以降、社会的養護の枠から外れ、自立していかなければならない現実。それは、私たちが想像する以上に困難なものであると、改めて認識しなおす必要があるでしょう。」

　大森さんは、児童虐待に対する世の関心が高まっている一方で、社会的養護を終えた若者のその後のことを、若者の生きづらさを社会はどこまで認識しているのかと問うている。

　この間、児童養護施設等では2004年から退所後のアフターケアが義務化されたが、小学生以上の児童6人に対して職員1人という配置基準は1976年から2012年まで変えられることはなかった。交代制勤務のなか、20人近くの子どもたちの生活を1人の職員が支えていかなければならない状況が、約40年続いたことになる。そのなかで、職員は入所児童や退所児童に対して献身的な支援を続けていた。しかし、この条件下では、思いはあっても支援が行き届かないことがあるのは当然である。現在、児童養護施設における職員配置基準は少し改善（規定上は5.5：1だが予算措置で4：1）されているとはいえ、欧米諸国と比較すると引き続き劣悪な環境であることに変わりはない。家庭で虐待やネグレクトの状況におかれた子どもたちをさらに国家が制度上ネグレクトすることがあってはならない。施設養護では、さらなる職員配置基準の改善が求められる。

　さて、2016年の児童福祉法改正では、「子どもの権利条約の精

神」に基づいた子どもの最善の利益の保障が理念規定に盛り込まれ、これまで施設養護が中心であった日本の社会的養護の転換がはかられた。つまり、家庭での養育が難しい子どもたちの代替的養育は原則として養子縁組、里親、ファミリーホームでおこない、それが困難な場合は、グループホームなど小規模な施設で養育するように必要な措置を取ることが規定された。また、この流れを受けて、2017年8月に「あらたな社会的養育の在り方に関する検討会」が取りまとめた「新しい社会的養育ビジョン」では、具体的な数値目標まで示され、急速に里親委託を進めるよう方針転換が示された。里親の啓発普及、登録数、支援体制が脆弱な状況で、各都道府県が競い合い里親委託数をノルマのように増やすことは、はたして誰の利益になるのだろうか。公的社会的責任ではなく、里親という個人の善意に依拠しすぎることはないだろうか。

　いずれにせよ、今後、代替的養護は原則として、里親やファミリーホーム等への委託措置が優先して考えられる。一方で、里親やファミリーホーム等では養育困難な、より重篤なケースについては、児童養護施設等に措置されるだろう。養育形態と合わせて、養育の営み、生活の質（QOL）の保障を考える視点が抜けてはいないだろうか。その子どもにとって、親もとを離れ、どこで生活するかということは重要だが、誰とどのような生活をし、どのような支援を受けるかは最も重要なことである。

第3章
不登校生徒の自立支援

報告　續橋 淳子
解説　間宮 正幸

【実践報告】

「演劇実践」はいかにつくられたか
－地域の教育資源との共同－

續橋　淳子

1. はじめに ―地域と学校―

　小樽は、明治時代から貿易やさまざまな地域産業で栄え、文化の香り漂う町である。小樽職人の会、松前神楽小樽保存会、小樽市民劇団など地域に根ざした文化的な資源が教育現場に参入し、さまざまな体験学習の機会を与えてくれている。

　小樽にある私立Ａ高校は一貫して、不登校、発達障害、貧困の問題など今日的な課題を多く持つ生徒や家族の支援をおこなってきた学校である。1990年頃から地域の企業や施設、飲食店や工芸品の工房、芸能などの教育資源を学校現場に取り入れ、生徒の人格的な成長に一役を担ってもらっている。Ａ校の特色教育である「社会体験学習」[1]、「総合表現学習」[2]では、地域の教育資源をおおいに活用し、生徒個々の特性や発達に即した授業がおこなわれている。

2．吉田さんとの出会い

　毎年秋に、A校は学校の教育活動を地域の方々に向けて発信するイベントをおこなっていた。ここでは、生徒が学校で繰り広げる人間模様を顧問がドラマ化し、書き下ろした演劇が上演される。この演劇の総監督を務めたのが、会社員の吉田太郎さんである。吉田さんは市民劇団を主宰し、毎年生徒を公演に出演させていた。非常に気さくで、当意即妙な語り口は生徒との距離を一瞬で縮める力があった。生徒たちは「おっちゃん」と呼んでなついた。吉田さんは、生徒たちに演劇にかかわる広範囲の知識を伝授してくれ、総監督として感動的な舞台を作り上げた。

3．「演劇実践」はいかにしてつくられたか

（1）A校の演劇活動の歴史

　A校では「演劇実践」を地域との共同による生活指導実践として位置づけている。演劇にかかわる生徒たちの大半は、不登校、被虐待、発達障害、貧困などの生きづらさを抱えている。A校の演劇は、これらの生徒が学校で繰り広げるさまざまな問題を脚本化し、「教室シリーズ」として上演してきた歴史がある。そのなかで私たちが大切にしたのは、生徒が等身大の高校生を演じることで自分自身を

理解したり、他者を理解し、人と繋がることの意味を考えたりすることを重視する生活指導的な視点である。当時の校長は「吉田さんは本校の教育にとって必要だ。商業演劇ではなく、生活指導的な視点が吉田さんにはある」と語っていた。事実、吉田さんは、よそから演劇の先生が来て指導してくれる、というスタンスをけっしてとらなかった。

吉田さんがA校の演劇を指導し始めた当初、演劇部には13名の部員がいた。13名とも一筋縄ではいかない生徒たちばかりである。吉田さんは部員全員の家庭訪問をした。

「生徒の家庭の親は全員、自分の子どものことをダメな子だと言っていた。私は、あいつらと遊んでやるのが自分の役目だと思った」と、吉田さんは後に語っている。また、「私は先生と呼ばれる人にはなりたくない。生徒に、『先生』と呼ばなくていいんだこの人は、と言われた時、とてもうれしかった」とも語っていた。

吉田さんは、いつも空気のように自然に生徒たちの中に入り、真摯に生徒を理解しようと努めていた。また、教員集団の中にも自然と溶け込んでいった。

2000年以降、演劇は「総合表現学習」の授業と、特別活動である演劇部の活動のなかでおこなわれるようになった。吉田さんは演劇部の「外部特別顧問」として関わってくれている。演劇部は「高文連」（全国高等学校文化連盟）の大会参加を大きな目標に掲げているが、その他にも、吉田さんが演出を手がける演劇公演に演劇部の生徒を参加させた。生徒たちは、地元の他校の高校生や劇団の方々と交流し、さらに深く演劇の体験を深めるチャンスを与えられた。吉田さんは生徒たちの役作りにあたって、生徒個々の生活実態を理解

して人間関係をつくり、さらに一人ひとりの親へも手紙を書いて、演劇をすることへの理解を求める作業も丁寧におこなっていた。

（2）学校での凛

　凛は不登校の生徒であった。担任の田沢先生は、凛の入学当初から指導に苦慮していた。私は国語の教科担任であると同時に演劇部顧問としてかかわった。凛はよく学校を休んだ。登校した時でも、早退するか保健室に行くかなどで6時間目まで学校にいたことはほとんどなかった。責任感が非常に強く、他人に対しても要求が強い凛は、トラブルメーカーだった。休み時間には、よく泣いて職員室に来ることがあった。教師をつかまえてはクラスメートの批判をしていた。田沢先生は粘り強く凛の話に耳を傾け、凛がクラスに根づくためのさまざまな取り組みをした。凛は事あるごとに田沢先生に「どうやったらクラスメートと人間関係を築けるか」と相談していた。田沢先生は、「私、みんなから仲間はずれにされていたから、ひとりぼっちの人を放っておけない」という凛の声を聴き、「チームT」を作った。このチームTはクラスのさまざまな問題について話したり、考えたりする集団である。しかし、凛があまりに次々とクラスの問題を持ち込むため、チームTで不満が噴出した。クラスの大半の女子が不登校の経験者であったため、人間関係づくりは困難を極めたが、田沢先生は「人間関係で起きた問題のストレスを溜めるだけじゃなくて、一緒に解決していけるパートナーをつくることが大事だ」と生徒たちに伝え続けていた。

　2年生の修学旅行の後、凛は「退学」の決意をした。田沢先生は

何度も凛を呼んで説得したが、人間関係に疲れはてた彼女の決意は固かった。演劇に引き入れようと考えていた私は、田沢先生の「彼女の意志は固いので、これ以上僕は説得できません」という言葉を聞いても、引き下がることができなかった。早速、凛を呼んで話を聴いた。辞める理由は「家庭や学校に自分の居場所がない」ということだった。虐待的環境といえるほどの家庭に育った凛は悲痛なまでに「居場所」という言葉を使った。私は凛の「学校辞める」という言葉の中に「本当は辞めたくない」というメッセージを強く受け取った。私は凛を演劇部に引き入れるため強引にアプローチしたが、凛は頑なに断り続けた。しかし、私は諦めず繰り返し凛と話し、説得を続けた。何度目かの説得の時に、凛の手をとり、「私は絶対この手を離さない。諦めないから」と言った。凛はその時は当惑した表情を浮かべたが、しばらく後に学校を辞めずに演劇をやる決心をした。

（3）トラブルを生み出す小集団づくり

私は、凛の他に同じクラスのトラブルメーカーのエリと、さらに引きこもりがちな生徒である鏡子を演劇に引っ張り出して3人に対して脚本をつくり、寸劇をおこなうことにした。凛とエリは生徒会も一緒だった。鏡子は昨年まで生徒会のメンバーだったが、途中から学校に来ることができなくなっていた。3人とも中学校はほとんど行っていない。凛とエリは感情の起伏が激しく、鏡子は冷静かつ頑なタイプだったが、共通して緊張が強く、人間関係づくりがきわめて下手だった。そこで、彼女たちとはタイプの違う"柄の悪

ヤンキー"の役柄を設定し、全校生徒の前で寸劇を上演させた。評判は上々だった。こうして気をよくした3人は、高校生活最後の演劇大会へと突き進む。このトラブルを生み出す小集団は、後の演劇づくりの大きな原動力となった。

（4）学校・地域の演劇活動

（a）学校での演劇活動
【1年間の活動の流れ】
　特別活動としての演劇は夏休みまでにメンバーの最終決定をする。それまでは授業である「総合表現学習」の〈演劇〉のなかで基礎的な練習をおこなう。
　授業を受講しているメンバーは、大半が「高文連」の演劇大会に参加するが、強制ではない。本人の意思を尊重する形をとっている。
　受講している生徒の中には、言いたいことを言葉にできない生徒、緊張が強く身体が硬直した生徒、注意力散漫な生徒、こだわりが強い生徒や情動が不安定な生徒など、さまざまな課題がある。最初の数ヶ月は緊張を解きほぐし、自分の身体を感じること、さらに人の気持ちを感じること、人前で表現ができることを意識して授業をおこなった。
　授業としての〈演劇〉は5月から始まる。4月はこの講座のガイダンスや面接に費やされる。この講座は縦割りの授業である。5〜6月の授業の中心は、高校までの自分史を書かせ、自分の身体と心を感じるエクササイズ。顧問は生徒の自分史を分析し、個々の課題を探っていく。そして、個々の課題から脚本の役柄を設定していく。

7～8月の脚本づくりでは、テーマ設定のためのブレーンストーミングをおこない、それに沿って顧問が脚本原案をつくり、脚本の役柄のねらいをメンバーに説明する。脚本原案は、生徒が書いた作文や生活指導上の問題点などさまざまな面から生徒の課題を明確にして作成する。脚本原案は「脚本検討委員会」で検討され、全員に提出する脚本案が出される。そこで検討された事柄をふまえて再度脚本を作り直す。夏休みにはメンバー全員で読み合わせをやり、各自の役柄の確認とセリフや心情の確認をおこない、実際に使う脚本として各自が自分の生きた言葉に書き直す作業をする。こうしてできた脚本に吉田さんからの意見を反映させ、最終の脚本に完成させる。実際に練習が始まると、吉田さんは積極的に関わってくれ、人見知りの生徒も多いなかで、どんなタイプの生徒も下の名前で呼び、親しみやすい言葉がけをしてくれた。

　吉田「みずき、顔暗いぞ。恋人にまたふられたのかい」

　生徒「ちがうって。うまくいってるから！　おっちゃんにいわれたくないわ。」

　吉田「そうだよな。またはよけいだよな。」

　吉田さんは嫌みのない語り口で、生徒に親近感をもたせた。

　夏休みを挟んで、吉田さんは生徒に地域での公演に出演する機会を与えてくれた。学校の練習にぶつからないようスケジュールを組んでくれたうえに、公演で行う役作りでも、生徒はさまざまな経験をさせてもらった。学校の演劇では等身大の生徒を演じるが、地域ではさまざまな時代や境遇を生きた人間を演じる。この経験が生徒の演劇体験をより深めることにつながった。

【脚本と集団づくり】

　演劇の大会で演じる役柄の設定は、生徒の生活状況と、作文から課題を掘り起こして具体化していく。

　凛は、一所懸命やればやるほど空回りをして、周りの人間に厳しい言葉を吐き捨てることが多くあった。仕事をやり始めると手を抜くことができない凛は、周囲にも自分と同じレベルの仕事ぶりを求めた。それに周りがついていけず、もめることが日常茶飯事だった。しかし、批判を受けながらも、一所懸命に仕事をする凛を支持する後輩の男子が現れた。この凛をとりまく人間ドラマを脚本にすることにした。

現実の抱える問題と役柄

生徒	現実の抱える問題	役名	役柄
凛	・中学校時代不登校 ・いじめの被害者 ・被虐待生徒 ・トラブルメーカー ・自分の価値観を押し通す ・人にやつあたりをする ・責任感強い	千尋	・人一倍努力家 ・自分の価値観を押し通し、空回りする ・見捨てられ感情が強い ・頑固さと素直さをもちあわせる ・人と繋がることを強く求める

演劇脚本の要約　千尋：凛　加奈子：エリ　咲子：鏡子

『最後の学校祭』

　場所は旧校舎の小さな木造の学習室。千尋はひとりで学校祭の装飾を作っている。クラスメートは帰っている。３年生の最後の学祭だというのに、まとまらないクラスの様子に腹をたてながらも、少しでも作業を進めようと必死に教室装飾の花を作っている。やっているうちに情けなさや、虚しさがこみあげてきて涙がとめどなくあふれてくる。涙をふきながら作業をしているところに、クラスの男子２名が体育館から戻ってくる。彼らは千尋がいつも不器用ながらも懸命に仕事をしている姿をみて、千尋を支えようとする。千尋の気分を少しでも明るくしようとふざけたりする。千尋は彼らの気持ちを感じながらも、気分はどこか晴れない。千尋が最後の学祭をもりたてようと頑張れば頑張るほど、クラスの女子は千尋をよく思わなくなっていった。加奈子は委員長の咲子をさしおいて仕切る千尋がけむたくてしょうがない様子。加奈子と千尋は１年の時から、なにかとぶつかってはトラブルを起こしていた。３年になっても加奈子は千尋に一物あった。加奈子は千尋のいい子ちゃんぶったところが大嫌いだった。

　一般公開が間近にせまり教室で千尋たちは懸命に作業をしているが、加奈子や咲子はまったく仕事をせず、おしゃべりしていた。その様子を横目でみながら千尋はとうとうキレ、加奈子や咲子に挑みかかる。千尋は加奈子の胸ぐらを掴むと、加奈子も負けていない。教室は騒然となりみんなで止めにかかるが、

> 2人は3年間の思いをぶつけあう。引き離された千尋は、「こんな学祭やってらんない」と吐き捨て、教室を飛び出してしまう。加奈子も、そばにあった花をけちらし大暴れする。そこに男子の雄介が加奈子の本心を言わせようとする。周りにいたクラスメートも加奈子の気持ちを聞こうとする。加奈子は封印していた、いじめられた過去を初めて口にし、思いのたけを叫ぶ。その経験は実は千尋も同じであり、加奈子は自分が本当は最後の学祭を一所懸命にやりたかった本心に気づいていく。千尋も友達のゆきのおかげで、加奈子や咲子に謝りたい自分の本心に気づいていく。千尋と加奈子と咲子はわだかまった思いを解放させ、クラスは最後の学祭成功へと結集していくことになる。

　この脚本は、凛が日常において人間関係がうまくいかない自分を再現し、最終的にこじれた人間関係を解きほぐし団結して学祭をやるという、現実を異化[3]した状況から現在の自分をみつめなおさせるというねらいをもっている。また実際にはなかなか口にできない心の声を「セリフ」を通して表出させ、過去から引きずっている人間関係のわだかまりを舞台上で喧嘩という形で浄化させようとしている。

　吉田さんは脚本づくりにおいても、さまざまなアドバイスをくれた。第一案の脚本では、千尋が加奈子を受け入れるようになる心理的な過程がリアルに描けていなかったが、いくつもの登場人物の伏線が絡み合って劇的空間を構成するクライマックスの作り方を教えてくれた。また、脚本は役者の演技を誘発させるものでなくてはならないことも教えてくれた。単調な脚本を吉田さんのアドバイスに

沿って書き直すことで、演じる側はより自然な表現ができるようになった。

さらにまた、演劇においては集団づくりも大切な要素である。演劇を作り上げるなかで、さまざまなトラブルが生じ、解消していくという過程を繰り返す。トラブルを生む小集団（凛、エリ、鏡子）は集団を大きく揺さぶる問題を次々と生み出すが、それを演劇集団づくりの原動力として活用することで、最終的には堅固な演劇集団がつくられるという目的を達成できる。

（b）地域での演劇活動

演劇の練習が始まると、吉田さんは毎日のように学校に足を運び、さまざまなアドバイスをくれた。緊張感漂う演劇の練習において、吉田さんの存在は潤いをもたらしてくれる。吉田さんは生徒たちにニックネームをつけるのが得意で、ユーモラスな名前をつけては生徒たちとの距離を縮めていった。日々の指導は顧問がするが、吉田さんは専門的な観点から生徒に適確なアドバイスをした。さらに顧問と生徒を温かくホールディング（Holding）[4]するというスタンスでいてくれた。

吉田さんは、市民参加型の劇団をもっていて、劇団員以外に広く地域の小学生から高校生までの生徒たちを登用し、毎年の公演に参加させていた。A校の生徒の中には、演劇大会と公演の二足のわらじをはく者もいた。A校の生徒が公演に参加する場合には、生徒の保護者に手紙を書き、家庭訪問まですることもあった。演劇部の大会と公演をかけ持ちすることに保護者みんなが理解を示すわけではなかったが、吉田さんは粘り強く親を説得し、責任をもって子ども

たちを預かることを約束して理解してもらっていた。

凛も吉田さんの公演に参加する機会を与えられた。吉田さんは演劇部内のさまざまな人間関係で不安定だった凛を家庭訪問し、5時間以上も凛の声に耳を傾けた。凛は衝動的にリストカットを繰り返していたが、吉田さんは凛に「リストカットを嫌がる大人もいるんだよ」と優しく語り、大人の側からみた心情を凛に伝えていた。また、凛以外にも問題を抱えている生徒の家庭を訪問しては、何時間も親や子どもの話に耳を傾けた。

吉田さんの脚本のテーマは、戦争と平和、親子の絆、老い、貧困などの社会的なテーマが多く、生徒たちは演じるにあたって、図書館でそれぞれのテーマに関する資料を読みあさり、役柄について徹底的に議論するなど、その役をいかに生きるかについて深く学ぶ体験をする。「戦争は、子どもたちにとって江戸時代や明治、大正と同じようにはるか昔のこと。65年前に終戦となり、戦争の傷を今も抱えている人がいる、という感覚がないのです」と、吉田さんは地元新聞に語っていた。

凛は役作りをするうえで、本やインターネットで当時の暮らしや状況について調べるが、いくら調べても当時の人たちの心情を理解することは難しいと感じ、しっかり役柄を演じられるか不安と恐怖を味わうこともあった。無力感に襲われ、もう役を降りようかと思ったことが何度もあるという。しかし、吉田さんから「きちんと調べずに舞台に立つのは、当時の人たちに失礼だ」と檄を飛ばされて奮起し、最後まで舞台をつとめ上げた。公演は大成功に終わった。

この間、生徒たちは学業、演劇、公演と多忙を極める。しかし、不思議なことだが、打ち込めるものがある間、学校を欠席すること

はほぼない。中学時代はまったく学校に行っていない生徒たちが、A校では学校生活、演劇、公演とやりこなしている。

　卒業後は吉田さんの劇団に入る生徒も多くいる。また吉田さんとの出会いから、演劇関係の仕事に進む者もいる。このように吉田さんの存在は、生徒の人生まで大きく左右する力をもつ。どんなタイプの生徒でもコミュニケーションをとる術を身につけられるように、あっという間に独自の世界に引き込む。当意即妙な語り口、老成した知恵と寛大さ、そしてどこまでも知的好奇心を失わない吉田さんは、生徒から「おっちゃん」と呼ばれていたが、この親しげな呼称には「ありのままの自分を抱えてくれる」という圧倒的な安心感が漂っているように感じる。さまざまに生きづらさを抱えたA校の生徒たちにとって、教師ではない吉田さんの存在はとても大きな意味をもっている。

4．おわりに

　凛は演劇を通して自分の立ち位置を見極め、個々の発達の課題を一つひとつクリアしていったと考えられる。「演劇実践」は、生徒一人ひとりの課題を明らかにし、他者理解を深め、集団の中で個の立ち位置を明確にするとともに、その生き方をより高いものに引き上げていくことを最終的な到達点にしている。そこには、担任、顧問、友人関係、そして地域の方々の教育力が大きくかかわっているのだと実感する。この実践では、地域に根を張って活躍する吉田さんが登場し、生徒の人格形成に豊かさと潤いを与えてくれている。

生徒のみならず教員も、より複眼的なものの見方ができるようになるとともに、日々の多忙さや指導の難しさに起因するストレスの解放などメンタルヘルスの面でも支えてもらった。

　私自身も、学校が地域の豊かな人的・文化的資源と出会い、積極的に共同することで教育や指導の中身も格段に深まり、生徒の人格形成に大きく寄与するということを学ぶことができた。

〈注〉
(1) A校でおこなっている特色教育。地域の企業、病院、福祉施設などで1年間を通し実習を行う。単位取得は実習記録、課題レポートで評価する。1年時は4単位で必修科目。2～3年時では選択で2単位を設定している。
(2) A校でおこなっている特色教育。1～3年の縦割りの授業で、健康・スポーツ系、文化・芸術系、情報・コミュニケーション系、生活・労働系の四分野に分かれている。〈演劇〉の授業は特別活動の演劇部と連動させておこなっている。講師は地域で活躍する方とA校の教員が授業を担当する。2単位を設定している。
(3) 坂元忠芳『情動と感情の教育学』大月書店、2000年、270ページ。
(4) D・W・ウィニコット『抱えることと解釈』北山修監訳　岩崎学術出版社、1989年、359ページ。

【解説】

地域のおとなが学校で子どもを支援する

間宮　正幸

1．地域生活指導の再認識

「A校では『演劇実践』を地域との共同による生活指導実践として位置づけている」

私立高等学校の教師である著者はこう切り出す。力強い言葉である。わが国の高等学校においてこのような教育の営みが現になされている。描ききるには紙数の不足が否めないけれども、読者の中にはそういう驚きにも似た読後の感想を抱く人も多かろう。そして、この味わい深い教育実践を紹介する一文に自立支援ということの何を感じるだろうか。

実際、医療や大学の相談室の心理臨床に従事してきて、学校教育に不案内だった筆者が、はじめてこの演劇活動を通した実践にふれた時には衝撃を受けたことを思いおこす。これほどむずかしい思春期の人々を対象とする人格形成の営み＝教育がありうると知ったからである。

地域生活指導とは「地域づくり運動をその担い手の成長という視

点から見たもの」とするならば本稿はまさしく地域生活指導を論じていることになる。[1] 本章の著者はことさらに地域生活指導とは言わないけれども、一連の営みは生活指導実践だと自覚しているのだから立派な地域生活指導である。

　1980年代に、筆者は、医療における心理臨床の立場から地域での共同の取り組みに参加した。そして、その実践が「地域生活指導」という概念でくくられるという驚きの出会いを経験した。今なら「臨床心理地域援助」などというかもしれない。だが、そうすると今度は自分の臨床心理学の立場を確保することで精いっぱいになってしまう。だから、地域生活指導の概念に出会い、それを受けとめたことで活動の広がりを感じたものだった。

　本章は、1990年代後半から高校の教育実践に参加した一演劇人で会社員の吉田太郎さんの活動を紹介している。この活動は、今も継続されているから四半世紀続いていることになる。吉田さんのまわりではたくさんの地域の人々が手を結んでいる。そのことが実にありがたい。複合的でむずかしい背景を有する高校生の「荒れ」や「とまどい」は、しばしば、はなばなしいほどで精神科医も手を焼く「症状」を呈する。それは、本章の表題にある「不登校」であるということにとどまらない。自立支援がむずかしい生徒たちに、こうして地域の人々が演劇活動による関わりを持ちつつ彼らの成長を支え、必死になって学校を守ってきたのであるから値打ちがある。本稿は、まことに貴重な実践の記録であるといわねばならない。そして、筆者には、本稿が「21世紀における《吉田氏》の再発見の記録」と映る。すなわち、この場合、実在する吉田さんは、シンボル的存在としての《吉田氏》で、地域の子ども・若者の成長を見守

り育てる、地域にいてほしいおとなのことである。

　1990年代は、規制緩和と市場化が一挙に激化して日本社会にさまざまなひずみが現れた新自由主義台頭の時代だった。今では、そう認識されている。しかし、その当時、子ども・若者の育ちの危機に直面して苦闘していた現場では何が起こっているのか理解できないでいたというのが真相だろう。筆者も、総合病院の一室であたふたしていた。そういう節目の時期に高等学校の教育に参加した地域の人が吉田さんなのだった。本章で示された実践自体は21世紀に入ってしばらく経ってからのことだが、今、地域の《吉田氏》を論じることは非常に重要な知見を広めることになるだろう。

　あきらかに被虐待の境遇にある凛さん。しかも、目の前でリストカットをしている生徒である。学校でもトラブルが続いている。しかし、吉田さんは、家庭訪問さえいとわない。演劇活動を通して彼らの育ちを支えようとする。本章の執筆にあたって著者とともに筆者も直接吉田さんにいくつか尋ねてみたことがある。その話によると、「90年代はえらい目にあったよ、生徒らは、廊下に座ってうつろな目で口をあけていた。阿片窟かと思った」というほどだった。「先生と呼ばせない」と言い、「自分が一人っ子だったからこの学校に来たのかもしれない」というのが吉田さんのせいぜいの教育論らしい。しかし、並大抵の教育者"educator"ではなさそうである。

　《吉田氏》を生み出した演劇活動という文化を共有する地域の仲間のちからがある。実在する吉田さんに高校で活動してもらおうとした、演劇を愛する元学校長の知恵もすばらしい。この学校には1990年代から通年型の「社会体験学習」の取り組みもあり、地域の人たちが学校に入ってくる仕組みを創りだしている。これらを

しっかり総括することが、むしろ、私たちの新しい生活指導論なのだと思っている。これから若い世代と議論しながら再検討したい。

2．学校を訪ねる地域の人たち

　この実践に対して要するに「チーム学校ということか」という指摘を頂戴しそうである。しかし、本章の著者はそういう上意下達のようなことばを使わない。ただ、著者は、イギリスの精神科医ウィニコットのいう Holding（抱える）という言い方でもって吉田さんの役割の説明を試みている。実際には長老のイメージを重ねてきたという。生徒らの「おっちゃん」である《吉田氏》とは誰なのか。著者は、彼を位置付けるのにぴったりあてはまることばが見つからないという。

　筆者もまたその議論に参加してみたがなかなかうまく表現できない。少なくとも「子どもの声を聴いてくれる人」というだけの存在ではない。吉田さんはことばだけの人ではない。『論語』にいう「子」(先生)でもない。まず「先生と呼ばせない」というのが信条の人だ。いろいろ思い描いてみたが、吉田さんは役者"Actor"を育てる人であるから"Act"というヨーロッパ語が鍵を握っているかもしれない。行為にかかわる「身体」、「関係」、「情動・感情」などが思いうかぶけれども、かといってこれも簡単に訳さないほうがよさそうだ。ただ、1990年代に、この学校にやってきた時、生徒らが廊下に座ってうつろな目で口をあけていた。そこから吉田実践が始まったことを思いだしておこうと思う。

わが国の生活指導論、人間発達援助論、臨床教育学などは、《吉田氏》に学んでおくことが多いのだとあらためて感ずる。

〈注〉

(1) 山本敏郎「地域生活指導の意義と課題」日本生活指導学会編『生活指導事典―生活指導・対人援助に関わる人のために―』2010 年、26 頁

第4章

少年院における矯正教育の展開と自立支援

報告　織田 脩二
解説　森　伸子

【実践報告】

K学園における矯正教育と少年を取り巻く社会の変化
―再非行防止のために―

織田　脩二

1．はじめに

　みなさんは少年院に入ったことがあるという人に会ったり、話を聞いたりしたことがあるだろうか。日々、テレビや新聞では、未成年者の非行についてのニュースが流れている。私は学生時代にそれを「すごい人がいるな」とか「そんなことが起こっているのか」という程度にしか受け止めていなかった。報道では「何をしていたのか」といった非行の事実は取り上げても、なぜ非行が起こったのかについては詳しく説明されない。例えば、「コンビニでおにぎりを盗んだ」という行為は「窃盗」にあたるが、同じ窃盗であってもいろんな動機や背景がある。「食べるものがなかったから」「面白かったから」「ストレスのはけ口だから」など、人によってさまざまである。さらに、その人が「なぜ犯罪に至ったのか」という原因や背景要因もさまざまである。実際に少年院に勤務し、非行少年たちと向き合うなかで、少年たちにはそれぞれの人生があるという、当た

り前のことに改めて気づいた。

　非行少年の検挙人員（刑法犯により警察等に検挙、補導された人員）は年々減少傾向にある。その一方で、再非行少年率（少年の刑法犯検挙人員に占める再非行少年の人員比率）は、1997（平成9）年の21.2%から2016（平成28）年の37.1%まで上昇しており、2017（平成29）年は35.5%と前年と比べて1.6ポイント減少したものの依然として高い水準となっている。初回の検挙では非行とは無縁の生活へと軌道修正することができなかった少年、再非行に至る事情を抱えたままになってしまっている少年への対応強化が課題となっており、近年の再非行・再犯防止の取り組みは、刑事司法にとどまらずわが国全体で取り組むべき課題との認識が広がり、法的整備も進んでいる。

　以下では、少年院での取り組みに関して、私の約8年間の少年院での勤務経験をもとに、矯正教育の展開と出院後の自立支援をめぐる実践について考えていることを述べていく。

　＊本稿で紹介する事例は、複数の在院者のケースをもとに若干のアレンジを施している。

2．少年院について

（1）少年院の仕組みと生活

　少年院は全国に51庁設置（2018年4月現在）されており、2017（平成29）年の入院者数は年間2,147人である（『平成30年度版犯罪

白書』)。少年院では、在院者の特性に応じて計画的・体系的・組織的な矯正教育を実施する。在院者の年齢、心身の障害の状況及び犯罪的傾向の程度、在院者が社会生活に適応するために必要な能力その他の事情に照らして一定の共通する特性を有する在院者の類型ごとに矯正教育の重点的な内容及び標準的な期間を定めた矯正教育課程（コース）が16種類あり、各少年院に設置する課程が指定されている。矯正教育の内容は生活指導、職業指導、教科指導、体育指導、特別活動指導の5つに分かれており、生活指導がその中心に位置づけられている。

各少年院では、指定された課程ごとに「少年院矯正教育課程（いわゆるカリキュラム）」を作成し、さらに個々の少年に対して「個人別矯正教育計画」という、一人ひとりの問題性に応じた矯正教育のプログラムを作成し、指導している。この計画の作成にあたっては、家庭裁判所や少年鑑別所の意見を踏まえるとともに、できる限り在院者やその保護者等の意見を参酌するとされており、入院後の面接や少年が取り組んだ課題作文等の内容、保護者面談等の結果を参考にする。

少年院での処遇は3級、2級、1級の3つの段階別におこなわれ、個人別矯正教育計画は、各段階の期間中に取り組む目標及び教育内容を定めている。私が勤務しているK学園では、矯正教育の標準的期間を11ヶ月としており、3級2ヶ月、2級6ヶ月（前期3ヶ月、後期3ヶ月）、1級3ヶ月に設定している。各段階の教育目標は、次のとおりである。

3級：少年院生活の意義や仕方を理解させ、少年院生活への円滑な導入を図り、非行の原因について考える。

2級：自分の問題点や非行事実と向き合い、改善方法を考える。
1級：再非行防止に向けた具体的な方法を考え、対応力を養う。

　2級前期では、非行に至るような自分の問題点について考え、後期では、その問題点の改善方法について考える。1級は社会復帰後の生活を強く意識して、出院後の生活と自分の問題点の改善策を関連づけた具体的な方策について考え、家族や支援者との関係についても考える。このように、改善更生に向けて着実な取り組みが積み重ねられるようにスモールステップで各段階の目標や内容を定めている。

（2）少年院の生活

　K学園では、処遇の段階が進むとともに生活環境や生活の仕方が変わっていく。3級の段階では比較的自由度が低く設定され、トイレや洗面台なども部屋の中に備え付けられている。衣類の洗濯や食事の配膳は職員がおこない、食事も各部屋で一人でとる。

　2級の段階からは、集団寮に移り、自由に出入りのできる居室で生活することになる。トイレや洗面所は同じ寮で生活する在院者で共同使用する。洗濯や配膳は在院者たちが自分たちでおこなうようになり、食事は寮の中のリビングのようなところに集まって一緒に食べる。その他、掃除や洗い物など共同生活を円滑にするための役割活動があり、集団生活を送るなかで、自主性や自律心を育む。

（3）少年院は厳しいところ？

　「少年院は行動が規制されていて自由がなく厳しい」という話を耳にする方も多いと思う。私自身もこの仕事に就くまでは少年院は厳しいところという漠然としたイメージしかもっておらず、「厳しい」理由についても、「悪いことをしたから懲らしめのために」という刑罰的なイメージしかなかった。多くの方は少年院に対してそういうイメージをもっているのではないだろうか。

　在院者に限ったことではないが、教育が適切におこなわれるためには、その前提として規律やルールが適切に維持されている必要がある。例えば、学校でも、感情の統制がうまくできず、すぐにかっとなったり、乱暴な振る舞いをしたりしてしまう生徒がいるとする。そのような振る舞いへの対応が適切になされないと、周りの子どもたちは勉強に集中しようとしても、問題行動がいつ現れるのか、自分に矛先が向かないのか不安で集中できない。少年院では、行動面に一定の制限をすることで在院者の安全で安心な生活空間を維持している。

　また、スマートフォンやインターネットという外的な刺激から離れることにより、自分と向き合い、落ち着いて考える時間をつくっている。複雑な人間関係のしがらみをいったん切り離して自分自身に目を向けさせることにもなり、教育をおこなうための環境を整えることが大切だといえる。

(4) 食事の風景

　在院者たちは、定められた時間に一日三食をきちんととる生活を送っている。K学園での「院の中での楽しみ」についてのアンケートでは、「食事」という回答が多くあった。在院者たちは毎月配られる献立表を見ながら、自分の好きなおかずがいつ出てくるのか、今日はどんな料理が出てくるのかをとても楽しみにしている。

　入院前の食生活の状況について尋ねると、一日一食で済ませていたり、気が向けば買い食いをして済ませていたりと、食習慣の定まっていない者が多数いた。また、食事内容も、コンビニのおにぎりや弁当、ファストフードが多く、とくに建設労務等の現場関係で就労する者は仕事帰りに職場の人と一緒に居酒屋に行くことも多かった。このように、家庭で決まった時間に家族と食事をとる在院者は少なかった。

　母親から虐待を受けていた在院者の一人は、「食事を与えられず、家の外に放り出された時は草や虫を食べていた」と話していた。この在院者の箸の使い方やご飯の食べ方がとてもきれいなので、そのことを褒めると「箸の使い方が悪いと食事をもらえなかった」「音を立てて食べると耳が千切れそうになるまで引っ張られたんですよ」と苦笑いしながら言っていた。入院前は安心して食事をとることすらできなかった在院者もいることに改めて考えさせられた。

（5）特性に配慮した環境づくり

　矯正教育課程の1つに「支援教育課程Ⅲ」がある。この課程の対象者は「義務教育を終了した者のうち、知的能力の制約、対人関係の持ち方の稚拙さ、非社会的行動傾向等に応じた配慮を要するもの」となっている。2017（平成29）年度に全国の少年院に入院した在院者の内の11.9％が支援教育課程Ⅲに指定されており、入院者に占める割合は増加傾向にある。

　K学園には支援教育課程Ⅲが指定されており、この課程の対象者は発達上の課題を抱えていたり、知的能力に制約があったりするため、指導に際して個別に配慮が必要となる。K学園では、毎朝9時に集団寮ホールで朝礼をおこない、職員が訓話をする。ホールに大きな本棚があるが、少年によっては職員が本棚の横に立って話をすると、本の表紙の字が気になってよそ見をしたり、手遊びをしたりして話に集中できず、話の内容をまったく覚えていないこともある。そのため、本棚をホワイトボードで隠したり、気が散らないように座席の位置を工夫したりするなど、刺激を少なくするように環境を整える配慮が要る。

3．少年院の教育

　矯正教育には多様な内容・方法があるが、ここでは4点にしぼって説明する。

（1）特定生活指導

　少年院では、それぞれの在院者の問題性に特に焦点を当てた指導プログラムを実施している。これを「特定生活指導」といい、「被害者の視点を取り入れた教育」、「薬物非行防止指導」、「性非行防止指導」、「暴力防止指導」、「家族関係指導」及び「交友関係指導」の６種類の指導がある。

　私が担当した薬物非行防止指導について説明しよう。薬物非行については、かつて「意志の強さで断絶できる」と強調されていたこともあったが、現在は、認知行動療法をベースとした治療的なアプローチがおこなわれている。プログラムの内容は、どのようにすれば薬物に関わらずに生活できるかを分析し、それに基づいて対処方法を考える、というものである。

　薬物非行断絶のために重要な要素とされているのは、薬物使用の「内的要因」、「外的要因」、そして「碇（いかり）」の存在である。内的要因は、薬物使用の際の自分の内面にある要素で「寂しさ」や「退屈感」などがある。薬物使用に至るまでには、さまざまな段階があり、元をたどっていくと「寝坊して学校に行けなかった」「家族とちょっとした口げんかをした」「部活でうまくいかず嫌な気持ちになった」というような日常生活の出来事への捉え方やネガティブな感情への対処方法などに課題があり、この状態に早めに気づくことが大切である。外的要因とは、薬物を使用していた状況や場所などの環境要因のことをいう。最後に「碇」は、薬物非行を思いとどまる時に、自分の欲求を制止してくれる存在のことで、「親」や「交

際相手」を挙げる在院者が多かった。このようなアプローチの仕方は、非行と関わる可能性を少しでも減らすことにつながるものであり、薬物非行に限らず、非行在院者の立ち直りを考えるうえで鍵になると考えている。

「依存症」のケースでは、薬物を使用したいという欲求を自分の意志で抑え込むことはほぼ不可能である。そのような状況のなかで、重要なのは周囲の関わりである。「薬物を断絶する」、「やめ続ける」ためには、絶えず本人のことを気にかけて薬物使用から遠ざけてくれる支援者が必要である。民間の薬物依存症リハビリ施設では、定期的なミーティングを通して、お互いの生活を認め合い、支え合っている。少年院のプログラムの中でこのような団体の話を聞く機会を設けている施設もある。

なお、薬物非行の在院者を担当して毎回困難を感じるのが、保護者との関係である。在院者と保護者の関係は良好な場合もそうでない場合もあるが、ほとんどの保護者が薬物の知識を有していない。そのため、自分の子どもがなぜ薬物に手を出すのか、どうしてやめられないのかを理解できない。保護者のなかには、子どもが薬物非行をしたことによるストレスから頭髪がすべて抜けてしまった方もいた。保護者は世間体等もあり、薬物のこと、薬物を使用した在院者のことを誰にも相談できず苦しんでいる。それゆえ、少年院では保護者に対する働きかけも重要であり、薬物非行をした在院者の保護者が面会に来られた際には、面会とは別に保護者との面談時間を設け、支援団体の説明や薬物についての知識を伝えてきた。薬物非行に限らないが、在院者の健全な社会生活を築いていくためには、在院者への支援とともに家族など在院者を支えている人たちへの支

援が必要だと思う。

（2）職業指導～農業体験から学ぶこと

　出院後の社会生活における勤労意欲を高め、職業上有用な知識及び技能を身につけるために職業指導がある。K学園では建設機械の運転資格を取得する土木・建築科や農耕科、溶接科などがある。農耕科について説明しよう。
　K学園の農耕地では、たまねぎ、なす、里芋、さつまいも等の野菜や花を育てており、育てた野菜は在院者たちの食事の材料として使われることもある。在院者たちは入院当初、料理や野菜の名前をほとんど知らない。ところが、農耕に携わるなかで野菜に関する知識を獲得したり、野菜嫌いを克服して野菜が食べられるようなったりする在院者もいる。また、作物の成長を自身の成長と重ねたり、育ててくれた親の気持ちを想像することにつなげたりする。一番人気があるのは収穫作業であるが、収穫するために畑の手入れや水やりなどの地道な作業が必要なことに気づくことも大切な学びの一つである。

（3）特別活動指導

　1級の在院者を対象とした活動のうちでとくに在院者たちから人気なのは、「野外活動訓練」である。活動内容は「登山訓練」で、標高300メートルほどの山を職員と一緒に登るというシンプルなものである。この活動の主な目的は、余暇の善用についての指導で

ある。在院者たちの入院前の休日の過ごし方で多かったのが、ギャンブルだ。不良交友の相手との出会いの場も競馬場やパチンコ屋というケースが多く、「ギャンブルをする場所に同じぐらいの年齢の人がいたら、その人も法律を破っているわけだから親近感がある」という。休日の過ごし方を充実させることは、不良交友関係を防ぐだけではなく、職場や学校でのストレスの適切な発散など健全な生活習慣の形成につながる。登山訓練中は少年院の活動であることを伏せて行動しているが、一般の登山客と行き違う際は挨拶を交わしたり、登頂後は頂上付近で景色を見ながら弁当を食べたりする。在院者たちは遠足などの学校行事を経験していないことも多く、活動後の感想文には「景色がきれいで登山っていいなって思った」「しんどかったけど達成感があった」「頂上で食べた弁当はいつもと違った感じがしておいしかった」などと書いてあり、健全な余暇活動をすることでストレス発散や非日常的な活動を楽しむことを体験的に感じ取っているようである。

（4）社会貢献活動〜外部の協力者に支えられて

　処遇の段階が1級になると、出院後の生活を見据え、社会復帰に備えて少年院の外での教育活動をおこなうことがある。K学園では、近隣の神社の清掃活動や高齢者施設での体験学習を実施している。神社の清掃では、在院者は職員とともに石灯籠を磨いたり、落ち葉を集めたりする。とくに夏場はかなり多くの雑草が茂るので、刈払機や芝刈機を使用し、大量の草を刈る。その後、神社の宮司さんからいつも丁寧にお礼の言葉をいただくが、在院者にとっては、自分

の行いに対して周りの人、とくに今まで接したことのない他人から評価され、認められる、という貴重な経験をしている。

　また、高齢者施設での体験学習では、利用者の車いすを磨いたり、施設の清掃をしたり、施設の職員や利用者と一緒に食事したりする。在院者たちの育った家庭は核家族であることが多く、高齢者と接する機会がほとんどなかった者もいるため戸惑いながらも相手の立場を考えて行動したり、話をしたりしている。長い人生経験を経て今は少し支えが必要な方たちのために活動することで、頑張りを認めてもらったり、感謝の言葉をかけていただいたりする機会になっている。高齢者施設の体験学習を終えてから在院者に面接すると、福祉職に興味を持つ者や家族が福祉職をしていてその苦労がわかったと話す在院者も多く、視野の広がる大変よい体験ができていると感じている。社会貢献活動というには大げさかもしれないが、外部の協力者の方々に支えられ、励まされたり、感謝していただいたりするなかで、社会で認められる行動について考えることになり、やがては自己肯定感につながっていくものと考える。

4．社会復帰支援

（1）職親プロジェクト

　職親プロジェクトとは、再犯・再非行を防ぎ、犯罪被害者を増やさないために「就労」、「教育」、「住居」、「仲間作り」の視点で官と民が連携し、矯正施設出身者に就労や住居を提供するプロジェクト

である。参加企業は、少年院や刑務所出身者ということを理解したうえで、住む場所と働く場所を提供してくださっている。「出番と居場所の確保」が再犯・再非行防止には有効であり、この職親プロジェクトを利用し、社会復帰を果たす者は年々増加している。

　ある在院者は、職親プロジェクトの企業の採用に挑戦し、見事採用された。採用された企業は、顧客と話す機会が多く、対人能力を必要とする職場であった。彼は人と話すことは好きだったが、自己中心的な物言いが多く、入院前の生活でも院内でもそのことでトラブルが起き、しばしば指導を受けていた。そんな彼にとって、接客業は初めての職種でもあり、出院を控えた時期の面接では「僕はうまくやっていけますかね」「職場にはどんな人がいるんでしょうか」など不安を漏らすことが多くあった。その後、企業の配慮もあり、在院期間中に職場や出院後生活する地域（住居や近隣商店街など）の見学などを実施したところ、彼は雇用主から「初めは下積みだし、大変だけど、技術が付けば独立もできるからね」と言われ、嬉しそうにしていた。出院して約１年後、職親プロジェクトの会議で彼が社長に同行して会場準備などを手伝っていたことを聞き、私はとても嬉しく思った。

（２）家族関係の回復

　また別の在院者は、家族関係に問題を抱えており、親との信頼関係を築くことができずに悩んでいた。彼は「家族仲はいいですよ」というが、幼少時からの生活を振り返る課題で家族と一緒に遊びに行った思い出についての作文には、「小さいときに近所の公園で

はこんな遊びが流行っていて面白かった」「映画を見たが面白くなかった」など、「(自分が)楽しかった」、「(自分が)腹が立った」という快不快の感情や自身に起こった出来事を書くばかりで、家族の行動や表情について書くことはほとんどなかった。そのため、彼の綴る作文からは家族の姿が見えなかった。

　彼の家庭環境は、父親はあまり家に寄りつかず、母親も仕事で忙しく、親子の関わりが乏しい状況であった。そんななか、父親の不貞が発覚し、その影響で母親がうつ病になるなど、家族が離散するような状態になった。その後、父親と母親の関係は持ち直したものの、しだいに彼の家族は互いに干渉しないようになっていた。面会で父親や母親が来ても、彼は非行の原因について深く追求することもなく、雑談に終始していた。

　2級になり、約半年の面接指導等を重ねた結果、彼は今までの家族との関わり方を見直し、「本音が話せるような家族になりたい」と話すようになった。今までの家族仲が表面的であったことや家族から信頼されていないことは以前から感じ取っていたようだ。そんな状態を変えるためにも、まず自分が仕事をしっかりとして、自分から親にたくさん話をすることや自分で貯めたお金を使い、家族と旅行して新たな思い出を作りたい、といった目標をもつことで就労への意欲を高めていた。大切にしたいこと、守りたいことがはっきりすれば達成すべき目標が明確になり、当然、非行からは離れることになる。自分自身のなかにこうした動機づけがなされることが何よりも大切なことであると思う。

（3）家族との関係調整

　家族の状況は、経済状況や社会情勢によって大きく変わる。どれが正解だとか、不正解だとかはないと思うが、子どもは確実に家族の影響を受ける。家族との関係を子どもがどう受け取るかによって、子どもたちの生活は大きく変わってくる。少年院では、家族関係の調整に直接働きかけ、保護者の協力を求めるための働きかけをさまざまな方法でおこなっている。

　その一つとして、保護者の参加する運動会を実施している。保護者が少しでも出席しやすいように土曜日に開催しており、種目は綱引きやリレーなどもあるが、ボール運びやフォークダンスなど、保護者と在院者が触れ合えるように親子で参加する競技を準備している。運動会などの学校行事に参加してこなかった在院者も、競技終了後の親子昼食会では恥ずかしそうに、けれども嬉しそうに保護者と弁当を食べている光景が見られる。

　運動会以外にも、保護者参加型プログラムを実施している。家族関係に課題があり、特に支援が必要な在院者と保護者を対象としたプログラムを院内で実施することにより家族関係の改善を図るのが目的である。

　2級以降の段階で、「適切な対人関係を構築するための親子ワークショップ（人間関係再発見）」を実施している。ロールプレイという手法を用いて、在院者と保護者の日常のある場面を再現した後に役割を入れ替え、在院者が保護者役を、保護者が在院者役をすることでそれぞれ互いの気持ちを考えさせ、関係改善を図るというもの

である。日常の自分自身を振り返った後に互いの立場を入れ替えて役割や言動を考えるため、それぞれの家庭内での役割や互いの言動について体験的に理解することができる。在院中に保護者と在院者が共に過ごせる時間は面会や行事といった場面に限定されるが、このワークショップに家族が参加することで、実際に在院者が目の前で真剣に考え、行動する場面を目にして在院者の頑張りや成長を感じ取ることができる。こうした変化が在院者の出院後の生活における不安を軽減し、その後の社会生活の安定にも繋がっていくと感じている。

（4）出院者からの相談

　少年院の職員は、出院者やその保護者等からの相談を受けることができる。出院者のなかには、社会復帰後困難に直面しても身近に相談する者もいないまま、再び非行に及ぶケースも見受けられる。また、保護者のなかにも、出院したわが子との関わりに悩み、助言を必要とする人が少なくない。そういう人たちが相談を求めてきた場合、在院中に親身になって関わった少年院の職員が対応することにより在院者の社会適応を支え、再犯・再非行の防止の一助になると考えている。

　最近は電話での相談件数も増え、「職場で先輩に怒られてばかりで腹が立つ」「目の前で親同士が喧嘩を始めてしまった」といった相談や、「元気で働いています！」という報告までさまざまな電話が掛かってくるようになった。在院者たちの心のよりどころのような存在として、円滑な社会復帰を支えていきたいと思う。

5．再非行防止に係る課題〜地域の力

　在院者を取り巻く環境にはさまざまな要素があるが、昔はそれを地域でカバーしていたように思う。私自身は商店街に店舗を構える家の子どもとして育ち、同じように商店街に店舗を構える家の子たちと一緒に遊んでいた。商店街の子どもたちは、商店街の大人たちから叱られ、見守られていた。今の経済状況をみると核家族、共働きの家庭が増えており、特に在院者の家庭環境は単親家庭が多い。近くに祖父母がいない場合は、一人で忙しい仕事の合間に子育てをしなければならない。また、地域のようすも変貌した。今や商店街は不況や大型商業施設出店の影響もあり地域から次々と姿を消している。昔は親が行き届かなかったしつけや教育の部分は地域の人たちでカバーしていたが、そうした人が集まる場自体が減少しており、そのしわ寄せが家庭や学校にもきている。

　昨今、「社会内処遇」の重要性が注目されている。少年院で働く職員として、少年鑑別所の地域援助の取り組みへの支援や、問題性が大きい在院者がいる家庭や学校への支援の強化を切に望む。また、保護観察所や福祉施設との連携も高め、出院後に再び非行をしないためにどのような支援ができるのかを考えたい。矯正教育は少年院内でおこなわれるが、在院者の更生のための取り組みは出院後も続く。今後とも、社会全体での協働の方策を探っていきたい。

　2016（平成28）年12月に施行された「再犯の防止等の推進に関する法律」により、地方自治体に再犯防止にかかる努力義務を課す

など、刑事司法関係機関の取り組みにとどまらず、国・地方公共団体・民間が一丸となり、社会全体で出院者等を支えようという流れが鮮明になった。この社会全体で出院者等を支えるという理念に照らして、今後とも少年院に求められる社会的役割や自立支援のあり方について考えていきたい。

【解説】
K学園の取り組みについて

森　伸子

1．安全・安心な場と職員の関わり

　織田報告は、少年院の法務教官による矯正教育及び社会復帰支援の実践報告である。少年院では、近年の子ども・若者を取り巻く社会状況や問題行動の変化、再犯防止に係る取り組みの進展等を背景に、施設内の処遇の充実化に加え、関係機関や地域社会とのつながりを強化している。ここではその観点から織田報告を整理しつつ若干の補足をしたい。

　第1節に説明されている少年院の制度や仕組みの特徴は次のように整理できる。

　第1に、安全・安心な環境をつくるということである。少年院では、人権の尊重、スケジュールに基づく規則正しい生活の実施、明確なルールの下での公平性や規律の維持に留意している。入院前には生活リズムも崩れ、不安定な状態にあった少年も、安全・安心が確保されている環境で生活することで徐々に情緒が安定し、他者への信頼感の回復も図られていく。その結果、落ち着いて物事に取り

組んだり、自分自身に目を向けたりすること、さらには自己改善に取り組むことができるようになる。

　第2に、職員との関係を土台としていることである。織田報告からは、少年の変化成長を見つめる法務教官のまなざしと正直な気持ちや考えを教官に伝える少年の姿がうかがえ、両者の間の信頼関係が伝わってくる。少年院では、出院までの間、個別担任の教官が一貫して担当し、個人別矯正教育計画の立案や日々の生活指導、定期的な成績評価をおこなうきめ細かな指導体制を基本としている。また、所属寮の教官がチームで対応し、さらに職業指導等の課業や各種プログラム、社会復帰支援の担当者、心理技官や社会福祉士などの職員も関わっている。どの職員も少年の家庭環境や非行内容、教育目標等を把握しており、専門性により役割を分担しつつも一人ひとりに応じた親身な関わりが持てるようにしている。

　第3に、同年代の仲間同士の集団生活を重視しているということである。集団寮での生活では、先に入院した少年が目標となる。また、大人のモデルとしての職員もいる。これらの関係性を基盤とし、役割活動、集会（ホームルーム）などの取り組みや日々の生活の中で営まれる人との関わりを通して、これまで不足していた協調性や自己抑制力を育むことができる。集団の規模は20名弱の施設が多く、一人ひとりに目が行き届きやすいようにしている。

2．特性に応じた矯正教育の展開

　第2節では、矯正教育の具体的な内容が紹介されている。生活指

導は、自立した生活を営むうえで基礎となる知識や生活態度に関する指導であり、非行に関する問題の改善を図るとともに、将来の進路を選択する力を身につけさせるための指導である。このうち特定生活指導は、法務省作成教材（テキスト、ワークブック）を用いた中核的な指導と、その指導効果を高めるための補完的な指導を組み合せて実施される。特定生活指導のようなパッケージ化されたプログラムによるアプローチに加え、施設内外でさまざまな人の協力を得ながら年齢相応の体験をすることも重要である。非行少年には、家庭の問題や学校への不適応、学業不振等の背景があるケースも多く、困難な状況下で周囲の適切な指導や関わり・支えを得られにくかった者が少なくない。また、問題行動を非行仲間から賞賛されたことが「初めて周りから認められた体験」として心に刻まれ、同様の承認を求めて非行を繰り返すこともある。そのような少年にとって、織田報告にあるように、特別活動指導の社会貢献活動を通じて自分の頑張りを認めてもらう体験をすることは、自分に自信を持ち、非行からの離脱や「まっとうな生き方」への志向を強化してくれる大切な機会である。

3．就労支援、修学支援、家族関係調整等社会復帰支援の重要性

　第3節では、社会復帰支援の具体例が紹介されている。出院後、学校に行かず、仕事もしていない状態にある者の再非行リスクは高い。そのため、在院中の調整で学校への復学や進学、または就労先が決まった状態で社会復帰させることをめざしている。

就労支援には、職親プロジェクトのほかに矯正施設在所者と企業とのマッチングを図る矯正就労支援情報センター（コレワーク）の取り組みなどがある。修学支援としては、学校等と連携した復学・進学の支援など学びの継続に向けた取り組みをしている。

　家族関係調整では、保護者に少年院の処遇について丁寧に説明し、施設見学、個別担任との面談等で教育活動への理解と協力を求めることを基本に、子への接し方を考える講習会や宿泊を伴う面会なども実施している。

4．切れ目のない支援
―少年保護手続を縦貫した取り組みと地域社会との関わり―

　第4節に説明のある再犯防止等推進法、及び再犯防止推進計画について若干の補足をしたい。

　2016（平成28）年12月に成立・施行された「再犯の防止等の推進に関する法律」に基づき、2017（平成29）年12月、関係する省庁が翌年度からの5年間取り組む「再犯防止推進計画」が閣議決定された。同計画の基本方針には、「誰一人取り残さない」社会の実現に向け、国・地方公共団体・民間の緊密な連携協力を確保して再犯防止施策を総合的に推進することや刑事司法手続のあらゆる段階で切れ目のない指導及び支援を実施すること、犯罪被害者等の存在を十分に認識し、犯罪の責任や犯罪被害者の心情等を理解させること等が盛り込まれている。少年院においても、司法関係に加え教育や福祉、医療等に係る諸機関や当事者も含めた民間団体と連携し、少年保護手続やその後までをも見通した取り組みができるように日

頃からそれらの機関等との良好な関係を構築することが必要不可欠となっている。

5．非行からの立ち直りを促進するもの
　―デシスタンス研究の結果から―

　法務総合研究所は、少年院出院者について約4年間の追跡調査(2013年〜2016年)をおこない、再入院しなかった者の改善更生の要因を実証的に検討している。この調査から、在院中の良い行いや努力をきちんと評価し、強化する処遇の意義や、家族との生活について不安がない状態で出院できるよう関係改善に取り組むことの重要性が示唆された。出院1年後の質問紙調査では、良好に立ち直っている者の心理的特徴として自己肯定感や自身の行動を制御する力が高いことがわかり、少年院での処遇の方向性と合致していた。さらに出院2年後、4年後の面接調査から、立ち直りの過程にある者は、家族との良好な関係や職場や学校など健全な場面での社会的役割の達成経験が自身の非行からの離脱を支えている、と認識していることがわかった。

　日本生活指導学会の研究プロジェクト「非行少年の被虐待体験と自立支援に関する調査研究」でも、少年院の教官が理解し支えてくれているという感覚など、「周囲の援助的な関わりがある」と感じ取っていることが「更生して社会のなかで生活したい」という本人の強い思いとつながり、非行からの離脱へと向かう契機になることが明らかになった。

　K学園でも、こうした観点に合致する多様な取り組みがおこなわ

れている。今後も少年院は、少年の成長に資する機会を地域社会や関係者の協力を得ながら用意し、少年たちが、自分の行動への責任の自覚や、健全な自尊心を育み、生きる目標や大切にしたい価値を見つけ、新しい生き方を決意できる場となるよう、常にその在り方を見直していくことが求められている。

《引用・参考文献》

法務総合研究所（2018）研究部報告 58「青少年の立ち直り（デシスタンス）に関する研究」

羽間京子（2018）「非行少年の被虐待体験と自立支援に関する調査研究」 三菱財団研究・事業報告書

column 3
少年司法制度について 　　　則清　仁美

少年保護手続とは

　少年（20歳未満の男女）は、成人と比べ一般的に未熟で可塑性に富むとされ、非行少年には成人とは異なる対応が求められており、その手続きは少年法に規定されている。

　少年法に基づく手続きは少年保護手続と呼ばれる。少年事件は、犯罪少年については原則家庭裁判所に送致され（全件送致主義）、触法少年と14歳未満のぐ犯少年については、まず、児童相談所に送致又は通告がなされ、必要に応じて家庭裁判所に事件が送致される（児童福祉機関先議の原則）。その概要は次ページの図のとおりである。

（1）手続きの対象

　少年法が対象とする非行少年は、犯罪少年（罪を犯した少年）、触法少年（14歳未満の刑罰法令に触れる行為をした少年）、ぐ犯少年（特定の事由があって将来罪を犯し、又は刑罰法令に触れる行為をするおそれのある少年）である。

（2）家庭裁判所での手続きと調査

　事件を送致された家庭裁判所では、家庭裁判所調査官による調査や必要に応じて実施される少年鑑別所での鑑別結果を踏まえ、審判の必要性を判断する。また、終局決定前に、調査官に直接観察させる試験観察を行うことがある。

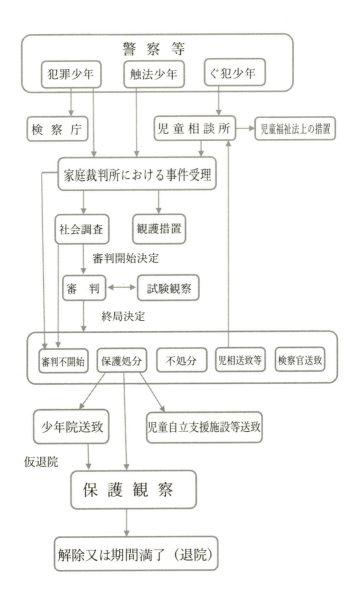

（3）少年鑑別所での鑑別

　少年が非行に至った原因や経緯等について詳細な調査が必要と認められる場合には、家庭裁判所は、観護措置により、少年を少年鑑別所に収容して、心理技官、教官、医師等による鑑別を行うことができる。

（4）審判手続

　家庭裁判所は、調査官からの報告や少年鑑別所の鑑別結果から、非行事実だけでなく、その少年の要保護性（少年が将来再非行に至る可能性等）を含め、審判の必要性を検討し、非行事実があり、要保護性が認められる場合には審判開始が決定される。審判を開始することなく手続きが終了することもある。事案が軽微で要保護性が認められない場合のほか、調査段階の調査官等による少年や保護者、教師等に対する教育的措置により、要保護性が低減又は解消し、審判不開始の決定がなされる場合である。手続きの過程自体が少年の改善教育の場となっており、少年事件は、全過程でこうした保護的措置を含めた処遇が行われている。

（5）終局決定

　2017（平成29）年の終局処理状況をみると、一般保護事件（過失運転致死傷等保護事件及びぐ犯を除く）では、審判不開始が54.4％、不処分が16.7％であり、全体の71.1％を占める。不処分は、保護処分に付すことができない、またはその必要がない場合に決定されるが、実務上、審判での調査官や裁判官による少年や保護者に対する訓戒等の保護的措置により、保護処分までは付さないことが含まれている。保護処分は、保護観察が21％、児童自立支援施

設等送致が0.8%、少年院送致が5.8%である。また、重大事件等、刑事事件相当と認める場合に事件を検察官に送致する原則逆送事件が0.3%である。

保護処分とは

　保護処分は、保護観察と少年院送致がその中心となる。保護観察は、専門性を有する保護観察官と法務大臣から委嘱を受けた民間ボランティアである保護司との協働により、遵守事項や生活行動に対する指導監督、自立に向けた補導援護が行われ、通常、1年を経過すれば解除が検討される。少年院では、法務教官等により、改善更生と円滑な社会復帰に向けた矯正教育が実施される。少年は、矯正の目的を達した段階で仮退院し、その後、保護観察所による保護観察を受け、結果が良好であれば正式な退院が認められる。

　少年司法制度は、家庭裁判所が事件を扱うという司法機能に加え、少年が直面している困難を解決するという教育・福祉機能も有しており、少年に適切な処遇選択を行うことを手続き面から保証する制度である。この制度の意義を踏まえ、司法・教育・福祉が一体となった少年と社会全体によりよい利益をもたらす実践の在り方を今後も研究していく必要がある。

《引用・参考文献》
法務省法務総合研究所　『平成30年度版　犯罪白書』
川出敏裕・金光旭　『刑事政策』（成文堂、2012）
澤登俊雄　『少年法入門（第5版）』（有斐閣、2011）

第5章
訪問看護と自立支援

報告　中戸川 早苗
解説　熊澤 千恵

【事例報告】

統合失調症をもつ人の就労と生活との調和に向けた地域看護実践

中戸川　早苗

1．はじめに

　私が就労支援に関心をもったきっかけは、大学院生のときに研究テーマを追究するため精神科デイケアで学んでいた際、40代の統合失調症を患う女性と出会ったことであった。その女性は、働いており、通帳に貯金が十分にあるにもかかわらず、自分のためにお金を使わず貯金をし続けていた。デイケアの団欒の場でスタッフが、「せっかく働いているのだから、たまには自分のためにお金を使ったら」と声をかけると、その女性は「使わない」とおっしゃった。理由を尋ねると「私は、調子を崩して混乱状態になり、これまで何度も入院してきた。そういう時は、人が気になってしまう。大部屋だと落ち着かない私のことを両親が理解してくれて、追加料金を支払って一人部屋の個室に毎回入院させてくれた。それで、病気もよくなり、今、やっと働けるようになった。今度は私が父と母のために何かしてあげたい。働いたお金は、両親には苦労をかけたから、両親にこの先何かあって入院が必要になった時に使う。私のために

両親が負担してくれた額にはとても届かないけど、でも、貯めたお金は、父と母のために使うの」と語った。彼女は、数年間働き続けることができていた。彼女に働くという行動を起こさせ、目標に向かわせる過程にある動機の奥深さに感動した。そして彼女は、自分の言葉の一つひとつに頷きながら語った。語ることで、自身の働く動機を確認しているように観えた。

苦労をかけた親のために今度は自分ができることをしてあげたい。その想いが彼女の働くことを支えているようであった。統合失調症をもつ人は、継続就労が困難であるとされている（Philip D・Harvey、2004）[1]が、何のために働きたいのか、その働く動機を支える想いがしっかりしていると、彼女のように継続就労への可能性が広がっていくと考え、そのことへの追究が就労支援に関する私の研究の始まりであった。

精神障害者の就労の意義について、村田（1993）[2]は、「生活の維持という経済的側面のみならず『自分が役に立つ価値ある存在だ』という実感に裏付けられた、『社会人として周囲から認められている』という、self‐esteem（自尊心）と identity（自己の存在意識）のレベルの問題として受け止めることが大切」と指摘している。野中ら（2003）[3]は、「社会の一員であるという実感を個々人にもたらしてくれるもののひとつが、"就労"である。生活を成り立たせるためのものであり、自分自身の能力を確認するもの、生きがいともなり、生活のリズムをつくり、メリハリとなるものでもある」と述べている。いずれも社会復帰、社会参加への実現に向けて「就労」のもたらす意義が大きいことがうかがえる。

ところが、精神障害は疾病性と障害性をあわせもつため、精神障

害を持つ人は障害者であると同時に医療的治療の対象者であり、健康を希求する存在としての障害者個人が、精神疾患によって日常生活、社会生活における機能が妨害され、日々のセルフケア能力が低下し、社会的存在としての自己実現である"働くこと"ができなくなっている、という現実がある。

　これらの状況から就労支援に向けた看護援助の必要性を認識し、当事者の想いを酌んだ看護実践のあり方を追究するために質的研究を積み重ね、データ収集では参加観察（「ある程度観察もするが参加が主」という立場）を行い、地域活動支援センターや就労継続支援Ｂ型事業所等でメンバーさんと一緒に講演やイベント、作業に取り組んだり、半構造化面接（"働くこと"への想いに焦点を当てた一連の開放型の質問で、できるだけ自由に語ってもらい対象の視点が現れるように面接）を実施し、これまで多くの方々と行動を共にしたり語りを聴く機会を得てきた。

　その結果、統合失調症をもつ人の就労と生活との調和の構築過程とは、「働くことにより希望を実現させていくという生き方を追究する繰り返しの試み」である（図１：中戸川・眞嶋・岩﨑、2016）[(4)] ことを導いた。

　以下では、統合失調症をもつ人の就労と生活との構築過程を振り返り、その生き方の秘訣について一緒に考えた事例を紹介したい。

2．「妻と子どもによりよい生活をさせてあげたい」と望む直さんの事例

　直さん（仮称）は、30代半ばの男性。妻と娘の３人暮らし。妻と

図1 統合失調症をもつ人の就労と生活との調和の構築過程
（中戸川・眞嶋・岩﨑、2016：千葉看護学会誌）

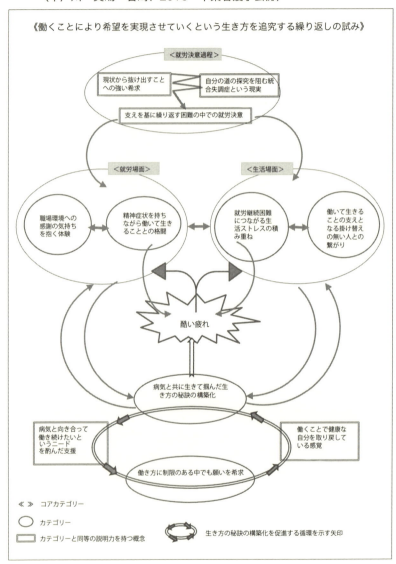

は高校時代からの交際を経て結婚した。結婚当時には既に発症していたが、妻のため子どものためにと働いてきた責任感の強い人である。直さんは、これまで一般企業11社で障害を伏せたまま12年間働いた経験がある。その後、調子を崩したことをきっかけに疾患理解を深め、働き方を見直した。現在は、就労継続支援B型事業所で2年間働いている。就労の動機は、妻と子どもによりよい生活をさせてあげたい、である。直さんの就労と生活との調和の構築について示す。

　直さんの就労と生活との調和の構築過程は、統合失調症を患いながら自分と向き合う日々の生活の中で、【現状から抜け出すことへの強い希求】を抱くことから始まっていた。

> 【現状から抜け出すことへの強い希求】
> 　やっぱり、辛くてもね、将来、子どもがほしい、という夢があったもんで、やっぱり自分が殺しているしね。で、子どもができたんですよ、老人ホームで働いている時に、二人目がね。でも奥さんがね、流産しちゃったんですよ。前は、妄想のため暴力して、今回はそうじゃないけど流産。そしたら、"あいつはバカだ"と聞こえてきてしまい、調子を崩して退職しました。市の障害者就労・生活支援センターで、働くことから離れなさい、といわれたけど働きたくて。このままじゃいけない。

　直さんは、統合失調症を患っていることに対して「統合失調症だからできないことがある、と他人から言われてしまう。できないと

諦める統合失調症の人も多くいる」と表現し、さらに妻を流産させてしまうなど【自分の道の探究を阻む統合失調症という現実】を感じ葛藤状況に陥り、そこから抜け出すために試行錯誤した。このような状況の中、働くことを支えてくれる人や環境、社会資源が認識できると、【現状から抜け出すことへの強い希求】が優位に立ち、この強い動機づけにより【支えを基に繰り返す困難の中での就労決意】へと動き本格的に就労へと結びついた。

> 【支えを基に繰り返す困難の中での就労決意】
> 　年金を受け取ることができたんです。知らなかったの、年金をもらえることを。もらえる資格はあったんだけど、何も知らなかったの。障害者職業支援センターで、そういう制度があるよ、って聞いて、じゃぁ、資格があるならもらおうかなぁ、と思って。それまでは、全部自分の稼ぎで、奥さんを、アルバイトとかで食べさせていた。障害年金のことを知ってからは、障害をオープンにして働こうと思って。やっぱり、クローズだと限界があるんですよね。市の障害者就労・生活支援センターで、就労継続支援B型事業所を紹介してもらって働くことになりました。

就労に結びつくと、就労場面では精神症状により作業を妨げられたり、薬物療法による副作用から働きにくさを感じたりすることなどから【精神症状をもちながら働いて生きることとの格闘】をしていた。

【精神症状をもちながら働いて生きることとの格闘】
　仕事に行く時にもね、行くな、その角まがれ、とかね、行ったら殺されるぞ、っていう声が聞こえることがあったんですよ。行くな、ユーターンしろ、ユーターンしろ、って言う言葉が、ずっと聞こえていたの。で、その声に逆らえずに、ユーターンしたこともあったし、右に曲がれ、って言われたから、右に曲がったこともあったし、本当にね、命令、自分の行動が操作されちゃうの。その時は、薬をぽいぽい捨てちゃっていた時期だから。

　また生活場面でも妻の流産を受け、精神症状による疲れから身支度の困難、散漫な食行動を招いたり【就労継続困難につながる生活ストレスの積み重ね】の状況に陥り困難感を抱いたが、辛い体験ばかりではなく、妻や子どもとドライブを楽しんだり、家族を大切にしたいという気持ちを持ち続けたりして【働いて生きることの支えとなるかけがえのない人との繋がり】を感じることで生活を保つ方向に動いていた。
　しかし、このような就労場面、生活場面の両場面で辛い体験、支えとなる体験、そしてその両体験が相互に作用している調和の取れた状態は、【精神症状をもちながら働いて生きることとの格闘】と【就労継続困難につながる生活ストレスの積み重ね】が強くなると、自分を保つことが難しくなり、【酷い疲れ】に襲われ調和が保てなくなった。

【酷い疲れ】

　調子が悪いのは、何でかというと、今年の6月に自殺未遂を起こしているんですよ。薬をね、○○○という統合失調症の薬を飲んでいるんですけど、19歳の時から。これがね、またボーっとするんですよ。一回に4ミリ飲んでいるんですけど、で、それをね、きついもんでね、4月くらいから、○○○だけ抜いて、ぽいぽい捨ててたの（あれまぁ、他の薬はいいの？）他の薬は抗うつ剤とかで、だから精神病の薬じゃないんですよ。だから、その○○○だけ、捨てちゃって、だから、そのうちね、あ〜、今日は本当に頭がさえるな、って思ったんだけど、身体も軽いし、って思ったんだけど、そしたら、6月に入ったぐらいから、お前死ねよ、って声が聞こえてきたの。急に寝れなくなっちゃったの。で、あれおかしいな、って思って、やっぱり薬飲んでないからかなぁ、って思っていたんですけど、そのうち、そういうことも分からなくなっちゃって、声がずっと聞こえていた。で、朝方にね、助けを求めたの、職場の友達にね。僕、本当に死ぬつもりで、ホームセンターで縄を買って、その後に施設長さんから電話がかかってきたの。施設長さんの電話がもうちょっと遅かったら、もう、これ（首吊りのゼスチャー）。それからは、ちゃんと薬飲んでいるんですけど、波があるんですよね。

　この状況の調和を保つために、【病気と共に生きて掴んだ生き方の秘訣の構築化】が【酷い疲れ】に対抗する力となり、【酷い疲れ】

を打ち砕くように作用していた。

【病気と向き合って働き続けたいというニードを酌んだ支援】
　本当は、嫁さんは入院させたいみたいなんですよ。そのぉ、自殺未遂のとき。入院させたかったみたいですけど、施設長さんが、どうしてもって、止めてくれて、で、まぁ、今何とか入院せずにやっているんですけどね。うん（詩吟始めたりね、まずは、生活を安定させてからA型の施設へと？）そうですね、施設長さんは40歳くらいまでに行ければいいね、って長い目で見てね。うん。急がずに。で、親も焦らずに、って言ってね。

　直さんは、就労場面でステップアップが図れず現状に焦りを感じストレスが過剰にかかっていた。その状況の緩和を図るため施設長さんは直さんの努力を認め望みが掴めるよう目標は変えずに、目標達成までの時間に余裕を持たせるよう提案し、目標に向けて一緒に歩む姿勢を示しながら支援を提供していた。そして直さんから【働き方に制限のある中でも願いを希求】する発言が聴かれた。

【働き方に制限のある中でも願いを希求】
　やっぱり、パパ、とは言ってくれるし、うれしがってもくれるから、それが生きがいとなって。やりがいとか。で、作業所で訓練をして、将来は、A型作業所でもいいから、まぁ、人並みに、以下でもいいから、あのぉ、お給料を頂いて、で、まぁ、好きな車に乗ったりとか、子どもをねぇ、もう少しいい服買ってあげたりとか、奥さんにね、もうちょっと楽してもらったり

とか、そういう、夢があるから。

【働くことで健康な自分を取り戻している感覚】
　自分の歩幅で、自分の心の歩幅で、歩いていけばいいと思う。夢に向かって、自分の歩幅でね。自分の心があんまり歩くの早いと疲れちゃうし、早歩きでも疲れちゃうから、自分の歩幅のペースで、心の歩幅でやっていけば、夢は叶うし、この病気になったからといって、夢を捨てることはないんだし（自分の心の歩幅は、どうやって決まるのかなぁ？）こういうことを経験して、自分が見えてくる、っていう感じです。

　自己洞察が進むように対話を持つことの重要性がうかがえる。

【病気と共に生きて掴んだ生き方の秘訣の構築化】
　今、詩を書いているじゃないですか、で、今、6年目なんですけど（はい）落ち着ける、っていうことが大事かもしれない。何でもいいから、詩でもいいし、絵でもいいし、何でもいいんですよ、ウォーキングでも、山登りでも、ハイキングでも、続けるっていうことが、キーワードだと思うんですよね、僕は。病気ばっかりにとらわれている自分じゃなくって、病気を忘れさせてくれるようなことを一つ持っていると、ちょっと病気も、あのぉ、よくなるんじゃないかな、って気がする。
　そして、自分のことを設計していくの。ちょっと大げさなくらいね、大げさな夢でもいいから設計していくの、自分で。何歳までには何処にいたいとか、どんなとこに住みたいとか想

> えば、夢は必ず実現するから、だから絶対、それを、他人にね、職員さんに全部設計してもらうんじゃなくって、職員さんとか、先生とか、家族とかじゃなくって、自分で決めること。自分で決めたことは、裏切れないから。

　直さんの就労と生活との調和の構築過程は、「働くことにより妻と子どもによりよい生活をさせてあげることを実現させていくという生き方を追究する繰り返しの試み」であった。

3．「結婚して妻と築く二人の家庭を大切にしたい」と望む誠さんの事例

　誠さん（仮称）は、20代後半の男性。付き合っている人と一緒に暮らしていたが、その人との結婚を決めた。とても誠実な人である。現在の就労状況は、工場で週5日、9時〜17時までの勤務で2年間働き、雇用形態は障害者枠であったが、数ヶ月ほど前に退職してしまい、再就職に向けて活動中。就労の動機は、結婚したばかりの妻（同じ疾患をもつ）との生活を大切にしたい、である。以下に誠さんの就労と生活との調和の構築について示す。

　誠さんの就労と生活との調和の構築過程は、統合失調症を患いながら自分と向き合う日々の生活の中で、「このままじゃいけない」という想い、【現状から抜け出すことへの強い希求】を抱くことから始まっていた。

> 【現状から抜け出すことへの強い希求】
> 　入院しちゃって、隔離というか、静かなところに閉じ込められちゃった時も、想い出していたんですよね。そのぉ、過去というか、自分の。そうすることによって退院した時とかにも、そのぉ、良く分かんないけど、頑張ろうと想った。何だろう、不思議。（このままじゃいけない、っていう？）そう、このままじゃいけない、っていう感じです。自然にそう思ったんだと思うんですけど。

　しかし、病気を患った自分を「一般の人じゃない」と表現し、【自分の道の探究を阻む統合失調症という現実】を感じ葛藤状況に陥り、そこから抜け出すために試行錯誤した。このような状況の中、働くことを支えてくれる人や環境、社会資源が認識できると、【現状から抜け出すことへの強い希求】が優位に立ち、この強い動機づけにより【支えを基に繰り返す困難の中での就労決意】へと動き本格的に就労へと結びついた。

> 【支えを基に繰り返す困難の中での就労決意】
> 　2回目の入院後、たぶん人に助けられたというか、デイケア、バレーボールとお世話になっているスタッフさんたちに。とか、今までの想いもあるから頑張ろうと思ったのですけど。人の力、支えです。
> 　やっぱり、働くようにしていきたいと思ったのが、退院によって既にまぁ、何ていうか、まぁ、自分一人の力では無理か

> もしれないけど、デイケアとかと関わりながらデイケアのおかげでそのように就労に向かっていこうという気持ちにもなって。一旦休めることも知っていたので、もし、就労ができない人でも、いっぱいいるし、そういうところには。だから安心しながら働こうと思って。時間も気にせずに、って思って。

　誠さんは、自分を認めてくれて役割を任せてくれたのに調子を崩して役割が果たせなくなっても、自分の回復を信じて、見守ってくれ、励ましてもらった人のあたたかさ、休むことの必要性を伝えてくれた支援者への恩を繰り返し語っていた。その支援に支えられながら就労を決意したが、就労に結びつくと、働いても充分な収入に結びつかない厳しい現実から【精神症状をもちながら働いて生きることとの格闘】をしていた。

> 　しばらくは、いいのかな、って思って。年金を受給することも、将来ずっと順調に行っているんだったら、そのぉ、何ていうか、できるかどうかは分からないけど、うーん、お金とか、もらわなくてもいいようになったらな、って思う時は多い。だけど、実際、そこまではいっていないし、いけない。と思い込んではいけないけど、ちょっと、無理かな、って思う。今は、僕の生活は、僕なりにやっていけばいいかな、って。障害年金なしでは、全然、生活ができないから。うん。今の僕は、これでいいと思うし、ただ、給料が格段に上がって、正社員とかに上がったときには、障害年金から自然にはずれるようになるとは思うんですけど。

> あんまり無理せず、無茶はせず、やっていこうと思って。ただ、そう思っても、仕事では頼まれるとやってしまったりして、上手く断れない。うーん。難しいですけど、そのぉ、無理せずが。でも、ちょっと頭に入れながらやっていきます。

　また生活場面でも精神症状による疲れから【就労継続困難につながる生活ストレスの積み重ね】の状況に陥り困難感を抱くが、辛い体験ばかりではなく、【働いて生きることの支えとなるかけがえのない人との繋がり】を感じることで生活を保つ方向に動いていた。

> 【就労継続困難につながる生活ストレスの積み重ね】
> 　クリスマスは、二人でどこか、行こうかな。だけど、なかなか生活に疲れちゃって。最近、洗濯とか食器洗いとか、役割分担していても、ちょっと、片一方が手抜くと、片一方も手抜いちゃったりして。部屋がすぐに散らかっちゃうので。なれない環境で過ごすことや、二人の生活、時には気を遣ったり、伝えたいことが上手に伝えられなかったりすることで、疲れちゃうんです。食べることや、眠ることもできにくくなります。

> 【働いて生きることの支えとなるかけがえのない人との繋がり】
> 　このへんで。ちょっと。結婚の手続きっていうか、準備しています。クリスマス、一年に一回くらいなら、どこかに行ったりできるんですけど。でも、お正月とかもあるし、何か、全部やっちゃうと、ほんと経済的に大変なので、やっぱ、１年に数回がいいかな、って、僕が勝手に思っているんですけど、でも、

> 女の方は、たぶん、違うのかな、笑(そうかぁ、笑)分かっては
> いるんですけど。でも。すみません、何か関係ないこと話して
> いる(いや、大切なことだと思います)はい。(そういうのがあるとお
> 仕事にも身が入りますよね)そうですね。はい(即答)。で、やって
> いこうと思う。そういうのが無いと、やっていこうと思わない
> だろうし。

　しかし、このような就労場面、生活場面の両場面で辛い体験、支えとなる体験("〜してあげたい"と想える妻の存在は、誠さんが自分を保つことへの支えとなり、辛い体験を跳ねのけていた)、そしてその両体験が相互に作用している調和の取れた状態は、【精神症状をもちながら働いて生きることとの格闘】と【就労継続困難につながる生活ストレスの積み重ね】が強くなると、自分を保つことが難しくなり、【酷い疲れ】に襲われ調和が保てなくなったという構造がみられた。

> **【酷い疲れ】と【現状から抜け出すことへの強い希求】**
> 　もうとにかく入院はいや、っていう気持ちです。だから、入院しないように、自分を保っています。調子が悪くなりそうだったら、それ以上悪くならないように工夫します。今回の仕事を辞めたことも、もう無理だと思って。新しい人員配置になってストレスが増えた。仕事と結婚生活とどちらも続けていたら自分が壊れると思った。だから、仕事を辞めました。バレーボールも、今は、行っていないんです。リーダーとして皆に伝えたいことがうまく伝えられなくなってしまって。いろいろな人が僕たちのバレーボールに関与してくれているのに、そ

の方々への配慮が難しくて、今は、行けていないです。でも、新しい仕事を見つけることを今は最優先しようと思っています。明日、面接に行ってきます。面接には、職業開拓校の人が一緒についていってくれます。だから、安心です。僕は、上手に自分のこと表現できないから。

　誠さんは、就労継続が困難な状況になり仕事を辞めてしまったが、酷い疲れに陥らないように調子を保つ工夫を生活の中に取り込み、病気と共に生きて掴んだ生き方の秘訣を用いて自己洞察を深め、【働き方に制限がある中でも願いを希求】し、結婚生活を守りながら【働くことにより希望を実現させていくという生き方を追究する繰り返しの試み】をし、就労と生活との調和に向けて動き出した。

【働き方に制限がある中でも願いを希求】
　それから、入院の話は、入院の方が楽だな、って思うこともあります。家にいるよりは自分が落ち着いていると思えることもあるし、先生も怖い人もいるけど、いい人もいるし。でも、だから入院していていいや、って思ってしまうと危険だから。働いて、社会のため、誰かのためにできることが僕にもあるかもしれないから、だから働きたいです。普通の生活がしたいです。（普通の生活とは？）僕も含めた障害をお持ちの方が普通じゃない、というわけではないんです、そう思っているわけではないんです。でも、何だろ、病気だとしても、薬を服用していたとしても、みんなと同じようにしたいんです。（みんなと同じように夢をもって生活する？）そう、みんなと同じように、自分にでき

> ること探しながら。

　誠さんの就労と生活との調和の構築過程は、「働くことにより"誰かのためにできることが自分にもあることを実感する"ことを実現させていくという生き方を追究する繰り返しの試み」であった。

4．おわりに：看護実践のあり方

　直さん、誠さんの事例から、就労と生活との調和の構築過程である【働くことにより希望を実現させていくという生き方を追究する繰り返しの試み】を支援していく際には、まず【現状から抜け出すことへの強い希求】である働く動機と、その働く動機をもつに至った経緯をしっかり聴き、受け止める支援が求められるようだ。働くことを掴むことができない自身の状況から生じたアイデンティティ（自己の存在意識）の揺らぎを受け止め、自己に挑戦する気持ちに繋がる経験ができるような対話をもつことが求められる。蜂矢（1993）[5]は、仕事など役割のない状態について、「人は何の役割もなしには暮らせないのだから、患者のためには生きがいのもてるような役割を考える必要がある」と述べている。また、土居（1985）[6]は、「社会的役割の観念が流動的になると、自分はいったい何ものなのかなかなか掴むことができない」と述べている。働くことを模索している当事者が存在の意義を感じられるように支援することの重要性がうかがえる。

　また、直さんの事例からは、自殺を考えるほどの【酷い疲れ】に

襲われ、就労と生活の調和を保つことが難しい状況に追い込まれた際、その苦痛を乗り越え調和を保つ方向に動かした力は、【病気と共に生きて掴んだ生き方の秘訣の構築化】である。この構築化は、就労場面と生活場面が相互に作用して就労と生活の場で体験した苦労を乗り越えた結果、築き上げられた対処であった。これは立ち直る弾力性の存在、レジリエンスの強化が図られ獲得されたものである。看護実践としては、レジリエンスを意識した対話が求められる。

誠さんの事例からは、「自分の願いの実現に向けて努力を重ねてゆく生き方の実現」といわれるリカバリー（西田、2009）[7]への積極的な姿勢が存在していたと考えられる。【病気と共に生きて掴んだ生き方の秘訣の構築化】を促進させるためには、リカバリーを志向した対話が求められるようだ。

看護師の対話の意味について、ペプロウ（1996）[8]は「看護師と患者の対話の目的は患者が地域社会で生活するのに必要な自己理解の能力を身につけられるように援助すること」と述べている。看護師が、患者の「これまでの体験から掴んだ生き方の秘訣」に関して対話をすることは、就労支援の場における重要な看護援助である。

"就労と生活との調和を目指した看護支援"について探究することは、精神障害を持つ人の多くが、生活の中で就労を通して自分の人生をとり戻すことに繋がる重要な課題である。看護学は、"いのち"につながる人間の存在意義やかけがえのない個人としての生き方にアプローチする学問である（黒江、2017）[9]ことから、今後も看護実践における更なる就労支援への追究を行っていきたいと考える。

〈注〉

(1) Philip D Harvey、Tonmoy Sharma 著、丹羽真一、福田正人監訳：統合失調症の認知機能ハンドブック―生活機能の改善のために―、第1版、南江堂、2004

(2) 村田信男：地域精神保健　メンタルヘルスとリハビリテーション、第1版、医学書院、1993

(3) 野中猛・松為信雄：精神障害者のための就労支援ガイドブック、第6版、金剛出版、2003

(4) 中戸川早苗、眞嶋朋子、岩﨑弥生：統合失調症をもつ人の就労と生活との調和の構築過程、千葉看護学会誌、22（1）、1-11、2016

(5) 蜂矢英彦：心の病と社会復帰、41-70、岩波新書、1993

(6) 土居健郎：表と裏、59-95、弘文堂、1985

(7) 西田淳志：イギリス Rethink から学ぶ早期支援・家族支援の実現、NPO法人世田谷さくら会、2009

(8) Anita Werner O'Toole, Sheila Rouslin Welt 編集、池田明子・他訳：ペプロウ看護理論　看護実践における対人関係理論、第1版、医学書院、1996

(9) 黒江ゆり子：看護学における事例研究法の意義と可能性、看護研究、50（5）、406-417、2017

【解説】

精神障害をもつ人の「あたりまえの」「普通の」ニーズに応える地域看護実践を求めて

熊澤　千恵

1．精神保健医療福祉と就労支援

　中戸川さんは、看護職になる前に一般企業に勤めていたが、その会社が倒産するというご経験から、修士課程において「精神障害者の働く動機を支える想いと支援」[1]に取り組まれた。ある共同作業所（障害者自立支援法移行後は就労継続支援Ｂ型事業所）で喫茶業務を行うメンバー9名を対象に、「働くこと」に関する看護師の退院支援、あるいは地域での社会生活支援の示唆を得る目的で行われた。統合失調症が5名で、通所状況は短い人は週2日で1回2時間（2名中1名は通所しながら一般就労している）、長い人はうつ病で週5日、1回6時間の30歳代男性であった。女性が多く6名で、通所期間の最も短い人が半年、長い人は20年で、40歳代の女性で一般就労経験のない人であった。この作業所はスタッフ10名とメンバー11名、1日の仕事に従事する人数はメンバー3，4名、スタッフが4〜6名で、メンバーの多くが3〜4時間の勤務である。そのような方々と一緒に働きながら、想いを聴きとられた結果、精神障害の経

験、さらには（入院）治療の経験は「自分が何者なのか掴むことができないアイデンティティの揺らぎとなる」。「働くこと」を通して、仕事の能力だけではなく、仲間と支援者との出会いがあり、生活の張りとゆとりができ、自信や誇りを得て、「自分が変わる」という働く動機（精神障害を持っていても夢や希望を叶える）を支えていたとしている。

　このデータは2007年で、そして本論は2014年に科学研究費助成を得た研究の一部である。就労継続支援Ｂ型事業所（以下Ｂ型事業所）2施設の利用者が4名、地域活動支援センターが3名、デイケアバレーボールサークルが3名、デイケア1名、就労継続支援Ａ型事業所が1名の6施設、計12名中の2事例の紹介である。対象者は就労支援を受けながら半年以上就労を継続している統合失調症をもつ人である。生活を「食事・掃除・整理整頓・洗濯・買い物・金銭管理などの生活環境だけでなく、社会的な対人交流、余暇活動なども含めその向上を図りながら世の中で暮らしていくこと」と定義して、就労との調和の構築過程を支援する看護実践への示唆を得ることを目的に行われた。

　就労状況は、短い人で週2日1回約2時間半、長い人で週5日1回8時間、就労期間は長い人はＢ型事業所で18年間所属しながら週6日の夕刊のみの新聞配達を16年間継続している。一般就労が5名、そのうち障害者枠での雇用が3名、利用している就労支援施設は地域活動支援センターが2名、バレーボールサークルが3名であった。離職経験が11名にあり、入院経験のない人は1名、複数回の入院経験のある人が5名、その他職業開拓校をバレーボールサークルの3名が活用した。

現在、就労に関してワークライフバランスや働き方改革など、また一方で障害者雇用のデータ改ざんなどが取り沙汰されている。本書のコンセプトである、専門的なアプローチだけでない生活（くらし）の再生・再創造を意識した取り組みで、地域社会（地域住民）と関わりがあり、幅広い当事者活動になっている実践を看護分野から取り上げることが私の担当であったが、他の章の実践報告と並ぶとやや看護実践そのものが見えにくいかもしれない。精神保健医療福祉の分野では、就労支援の最前線にいる職種は精神保健福祉士、ソーシャルワーカーという認識が一般的である。中戸川報告に登場する施設長さんの職種が不明だが、当事者にとっては職種は全く関係ない1人称の"○さん"である。また中戸川さんに自分を語ることで意識化されて自分を確認するという、本来は生活の中でのインフォーマルサポートとして自然に行われていることこそが、精神障害を持つ人にとっての重大な支援となり得るものである。

2．就労支援とは何か

　直さんも誠さんも入院にまつわる思いが述べられている。近年退院支援や地域生活支援が活発化してきているが、一般病床の平均在院日数が16.2日に比べて、精神病床は269.9日（2016年病院報告）と長い。精神科新入院患者はその58％が3か月未満で退院し、88％が1年未満で退院する（2008年入院患者動態）とはいえ、入院患者全体の63％が1年以上である。「重度かつ慢性」の病気が寛解せずに高齢となっていく人が一病棟50人弱としても約30人の退

院が簡単ではないということになる。病気をもった未来がまた入院生活によって暗澹たるイメージとなる。中戸川報告の「はじめに」で紹介されている40歳代の女性の入院生活が保護室でない個室環境のある病院であったことがわかるが、そのようなアメニティの向上も近年になってようやく行われてきたものである。

　第5期障害福祉計画（2018～2020年度）では福祉施設から一般就労への移行の成果目標が2016年度実績の1.5倍以上とすることが掲げられた。障害者雇用促進法の改正により、2018年から民間企業や国・地方公共団体に精神障害者の雇用が義務付けられ、法定雇用率も引き上げられた。今般の「精神保健医療福祉白書」には、精神障害者雇用の課題として「よい支援法の追求、福祉的就労と一般雇用の二元論を超える新たな働き方の創出、労働者と企業側を対象としたメンタルヘルスの啓発、就労支援と産業精神保健の結合、企業内メンタルヘルスワーカーの養成と配置、医学教育における産業医学の充実など」が挙げられている。すなわち、当然ながら生活支援であるから、医療という狭い分野のみがリーダーシップを発揮できる事態ではない。

　本論のはじめに登場した共同作業所は、精神障害をもつ子どものために親が家族会をつくり、「精神科小規模作業所」として補助金を受けて運営されてきたものである。同じく古くから職親制度（旧精神障害者社会適応訓練事業）も民間企業の協力を得て、精神障害者の就労に貢献してきた。障害者自立支援法、障害者総合支援法となり、福祉的就労は増えてきた。本論のこの共同作業所も、現在B型に移行している。多くの施設が雇用契約を結ばないB型事業所に移行した。また作業内容も中戸川報告にあるような喫茶をはじめ、パンづ

くり、軽作業、オリジナルグッズの制作など様々である。精神障害を持つ人は働けるようになることを希求しているが、その仕事内容や通える範囲、またメンバー同士やスタッフとの関係性など居心地の良さを中心に、自分にぴったりくる就労場所と出会えるのはやはりまれである。さらに就労に行きつくまでのチャレンジにはエネルギーや意欲や病状が関わるので、職業生活を獲得することは大変な苦労を伴う。

　こうした点から、2007年時点ですでに作業所を利用しながら一般就労している人がいることに驚いたと同時に、中戸川報告のように就労支援を制度的に準備された所で活用しながら、もう一つの就労を行っている人が2014年には7人に増えていることにも驚いた。また精神科デイケア施設には多く体育館が併設され、芸術活動を週に1回、ボランティアの講師（地域住民）が来所することがあるが、その場所や活動を継続的に当事者の方々が引き継いで行っているサークルという場が存在していることにも驚いた。当事者の方々の力と、臨機応変にその場を提供している支援者や団体の存在が素晴らしいと思う。

　精神障害のある人にとって、障害のない人と同じく、生活の張りや糧となる趣味や楽しみの場と就労の場、そしてそこに所属している人々とのつながりや居場所感が自身の生活や家族と暮らす生活を成り立たせているのである。その一旦に多くの"支援者"がそれと気づかずに毎日、自らの就労の場所でその役割を果している。その重要性に気づかせてくれるのがこの中戸川さんの実践報告である。

〈注〉

(1) 中戸川早苗、出口禎子(2009):精神障害者の働く動機を支える想いと支援のあり方―地域共同作業所での参加観察を通して―、日本精神保健看護学会誌 18(1)pp70〜79

column 4

訪問看護と地域生活指導　　菊池　美智子

　地域で暮らす精神科に通院している人たちへの訪問看護に携わって10年くらいになる。看護の対象となる人は実に様々な個性を持ち、それぞれの生き方をされている。閉鎖病棟で看護をしていた頃は、狭い空間の中で決まった日課を与えられて暮らすことに慣れてしまった患者を看護師が「正しい」と思う方向に指導することが仕事になっていた。しかし、訪問看護では、患者一人ひとりの価値観と自分の看護観とのズレや違いを感じ、どう折り合いをつけるのか自問自答しながら、なんとかその人の望む生き方を実現すべく格闘することになった。

　喘息を患いながら部屋の中で鳥を放し飼いにし、発作を誘発している人がいた。訪問看護の際は舞い上がる羽毛や糞の攻撃を受けながら、子どもと離れて独りで暮らす淋しさやもっと自由に生きたいといった思いを感じ取る。ある意味では命をかけてまで鳥を飼っている人に対し、喘息発作の起きにくい生活環境づくりに向けた指導をどうしていくか、悩む。
　患者さんがヘルパーへの不満を延々と話すのに付き合うことも多い。延々と続く不満を聴きつつ、その人が語る人権侵害を思わせるようなヘルパーの所業は本当のことだろうか？　それとも被害妄想がそう思わせているのだろうか？　と迷う。部屋の様子や

話の断片から、外出に連れていってもらうことはそれなりに楽しんでいるけれど、愚痴や不満も言いたいのだろうと判断して、話を聴き続けることにする。
　他人からみるとゴミとしか思えないような物が部屋に山積みにされている家も訪問した。健康な暮らしを維持するためには、清浄な空気と生活空間を確保し、転倒や火災のリスクを減らさなければならない。そこで、どこからなら片付けられるのかをご本人と相談しながら、片付けの習慣を身につけてもらえるように指導する。
　こんなケースもあった。「聞いてもらえる？　昨日は大変でしたのよ。仕事をクビになりましてね。こんな理不尽なことはありませんわ」と、ひとしきり語った後に、笑いながらさらりと「全部、妄想ですのよ」とおっしゃる。独り暮らしで実際の人との関わりが少ないなかで、毎週訪れる私たちに精一杯のおもてなしをしてくれたのかしらと思い、一緒に笑う。

　こうした訪問看護の日々をとおして、他人には奇異と思えるような行動にもその人なりの意味があり、それを理解した上でこちらの思いをやんわりと伝えていくことで、少しずつ関わりの糸口がつかめるものだと感じている。そもそも看護師として人の役に立つというのは、そんなにたやすいことではない。まず、学校で様々な勉強をして実習に行き、卒業し資格を得た後に、初めて臨床現場で働くようになる。その現場で失敗あるいは成功体験を積み重ねながら、真摯に学び続けることで、ようやく一人前になれ

るのである。時には、良かれと思ってしたことが相手の意に添わず叱られたり、誠心誠意努力をしても命を救えず無念さを味わったりする。

　訪問看護は大変な仕事ではあるが、看護の対象である人たちの生きざまを目の当たりにすることで、自分の生き方を考え学ぶ機会に恵まれることも多い。自分とは異なる価値観で生きている相手を何とか受容しようと努力し、人間の幸せってなんだろうと真剣に悩み、職場の仲間とも苦労を分かち合う。なんと泥臭く、誇らしい仕事だろう。「３Ｋ（きつい、汚い、危険）」とみられがちな仕事は若い世代には何かと敬遠される傾向にあるが、このすばらしく人間らしい、人びとの生活や生きざまにふれながら自分を成長させてくれる訪問看護の担い手を社会全体でどのように養成していくかが重要な課題になっている。

終 章

人びとの自立への反転をつくりだす地域生活指導の可能性

折出　健二

終章　人びとの自立への反転をつくりだす地域生活指導の可能性

1．はじめに─支援と援助について─

　「自立支援」をめぐる本書の実践報告や事例報告では「支援」と共に「援助」も使われている。初めにこの概念の違いと関連を押さえておきたい。

　どちらも「援ける」で、字義は「すくい助ける」(『新漢語林』)ことである。「支援」は支えることに、「援助」は補助することに力点がある。支援は、当事者が活動やある状態の主体であると認め、その活動あるいは状態をより良い方向になるように継続的に支える営みである。援助は、当事者の活動ないしは状態にとって欠乏しているものを補うことで「援ける」意味が強い。例えば就学の援助と支援では、子ども（家庭）のニーズに即して具体的な物的補助あるいは支給、情報提供、相談などの条件整備をおこない、当事者（子ども）が安心して学校生活を送れるようにする。この援助の総体が就学支援と呼ばれる。福祉の分野でもほぼ同じ意味合いで使われている。

　本書は、地域での学習支援、児童福祉、学校教育、少年司法、精神看護からの実践報告・事例報告で構成されている。これらの諸分野では共通して対人援助の実践が「自立支援」の中核を成している。つまり、具体的な課題を抱える当事者への具体的な援助を通して、当事者が自らの力を発揮して困難を乗り越え課題を解決していくその（主体的な）自立を支援するのである。地域において人びとの共同による労作として展開されるその自立支援が、今日の新自由主義

的な人びとのアトム化（粒子のように人びとが分断されること）、地域の人間関係の崩れや人びとの生きづらさをくいとめ、乗り越えていく貴重な普遍性を有しているのである。

2．地域での共同実践の構図

（1）地域とは何か

　上述の支援と援助が実際に営まれる実際生活の場、それが地域である。地域概念は多義的で複合的な意味を持っているが、諸説を参考にしながらその概念の基本的なことをおさえておきたい[1]。①地域は、人々がいのち・暮らし・生きがいを展開する実体的な空間である。②地域は、コミュニティと深い関係がある。コミュニティは、その実体的空間において持続的に暮らす人びとの「一定の連帯ないし相互扶助（支え合い）の意識が働いているような集団」（広井）である。③地域は、感情を共にしながら相互に認め合う関係の豊かさを伴って人びとに「居場所」を提供する基盤である。④地域は、人びとの社会参加、政治参加の基盤の提供の場でもある。⑤と同時に、地域は、「資本の営業空間ないし投資戦略対象」（清水）である。以上の諸事象のうち⑤の影響をいかに制御しながら①から④の機能を維持・発展させるかが地域の抱える本質的な課題である（清水）。

　私たちが「地域生活指導」というときには「地域」は、①②③の内容を中心としている。その場合、継続的な働きかけあい・対話・学びあいの関係が重要である。そこから、地域で暮らし、交流し、

活動する人びとがどのようなビジョンを持つか、どのような生き方を描くかの意味で「地域の再生」が立ち上がってくる。その際、支援を必要とする当事者も支援する人びとも、ともにこの地域に生きる生活主体として生活現実を意識化し、何とかこの現状を変えていきたいと行動することが重要な鍵となる。

　たとえば、第2章の児童自立支援施設「柿の木ホーム」は、その職員からの聴き取りによれば、山村部の住民がその村（自治体）を活性化したいので子どもたちの施設を誘致することになり、施設側も小規模化の流れで別の地に新設を模索していて両者が協議を重ねるなかで実現に至った。その施設から自転車で高校に通う生徒が下校していたら、坂道では住民（農家）が軽トラックに自転車ごと乗せてやって、「頑張ってやっているね」と励まして見守るまでになった。施設の男性職員も地元の消防団員になるなど住民との積極的な連携をつくりだしている。こうした取り組みの背景には、入所している子どもたちのプライバシー保護と守秘義務について住民の理解を得るべく児童相談所が間に入り、この施設で過ごす子どもたちの安心・安全のための積極的な連携づくりが構築されている。

　このように、「地域生活指導」は地域での働きかけ・働きかけられる関係性を基本に、いまも各地で発展しようとしている。序章で述べたように、「支援する側も支援を受ける側も共に生活の主体として向き合い、よりよい生活の実現に向けて協働する」ことが、ますます地域生活指導実践の中心を成している。

（2）地域での共同実践の構図：〈支えるものが支えられる〉

　5つの実践報告・事例報告は、支援の視点からみると、子どもの学習支援および若者の住居支援（岸田報告）、子ども主体の生活づくりと支援（三輪・中島報告）、不登校生徒の自己実現支援（續橋報告）、非行からの立ち直りに向けた切れ目のない支援（織田報告）、精神障害者の就労支援に係る看護援助（中戸川報告）である。その実践、あるいは事例の全体をつかむために支援の構図を表にまとめたので参照していただきたい（別表）。

　これらに共通するのは、報告者が、それぞれ支援するその一人ひとり（当事者）の生活事実に向き合い、共にそれを乗り越えよう・変えようとしていることである。人びとを支援する実践では当たり前の「事実と向き合う」ことが、すべての活動の出発点になっている。

　ところが、その内実はそう簡単ではない。援助するものとされるもの、支援するものとされるもの、という非対称の関係性が発生している。援助されるものが抱える生活の窮乏化、あるいは非行・問題行動のかたちで不安・葛藤を表すしかない発達のアンバランスなど、これらとおなじものを援助するものも持っているわけではない。この点が、世間で親しい者どうしの間で生じる援助し援助される関係との大きな違いである。

　二つめに、それぞれの報告者は対象となる人が他者とつながることのできる拠点づくりをとても重視して、きめ細かな働きかけをしていることである。つながる拠点づくりを岸田さんは「居場所づくり」だと述べている。居場所とは、ただ当事者が居ることのできる

物理的空間をいうのではなく、他者とのつながりと心理的距離を含んだその丸ごとをいうのである。不登校傾向の子どもが「教室には私の居場所がない」といい、父母同士の言い争いが絶えない家庭の子どもが、家に自分の個室があっても「オレの家には居場所がない」というのはそのためである。

　学習支援や子ども食堂を通じて、経済的貧困で困っている子どもたちを支援している人から話を聴くと、ただ勉強の世話をしたり食事を提供したりするだけではなく、その子どもたちが安心して自分を出せる生活空間を創ることを心がけているという。具体的ニーズを満たす援助をしながら、当事者とのコミュニケーションをつくり、当事者の良さ（ストレングス）を認め、それを踏み台に、たとえ小さくても現状を変えるように生きる、その支えとなる結びつきを保持することで、自立を支援するのである。

　「猫の足あとハウス」の実践がまさにそうである。「おおぞら園」の活動は、子どもたちの自立支援を常に子どもの権利擁護の立場でおこなう、という児童養護施設としての理念を明確に示している。「私立A高校」の「演劇活動」は、その高校に在籍しながら居場所の持てない生徒たちに、その自分史的なエピソードを脚本化して当事者が演じるという演劇をとおして彼女らの自己表現を援助し、そうすることで彼女ら一人ひとりの自立を支えている。生徒の一人、凛の変化がそれを物語っている。「K学園」の活動は、非行からの立ち直りを目的とする矯正教育プログラム自体が一人ひとりの生活者・発達主体への援助であり、退院した後に非行で自分を主張しなくても社会参加に自信をもって自立の道を歩めるように支援している。統合失調症の当事者と看護師の関係は、対話を基本としている。

別表

	①支援の実践目的	②支援の実践場所	③支援の実践主体及び地域の支援主体
岸田報告	小中学生の学力補充と仲間づくり（地域子ども集団づくり）若者の自立のための居場所確保	猫の足あとハウス（西東京市）	元教員の報告者、その長女・長男ならびにその友人たち（ボランティア参加）ハウスの利用者である高校生・大学生 地域の元教員たちや市民団体「西東京わいわいネット」
三輪・中島報告	大人との普通の関係を体験し、自己と他者の信頼関係を取り戻して自立していくのを支える	児童養護施設「おおぞら園」「柿の木ホーム」	報告者を含む同園の職員たち 「柿の木ホーム」の場合は、農家を中心とする地域の住民たち、小規模教育に取り組む学校の教職員たち
續橋報告	不登校、被虐待、発達障害、貧困などの生きづらさを抱える生徒たちの自立	私立A高校（小樽市）	市民劇団主宰の吉田氏（会社員）演劇部顧問を務める報告者
織田報告	非行歴のある当事者の主体的な生き方の形成と再非行防止、その支えとなる家族関係の回復と調整	K学園（少年院）	報告者を含む法務教官ならびに体験学習先の神社宮司たち、高齢者施設スタッフ、職親プロジェクト参加企業の経営者・社員
中戸川報告	統合失調症の当事者のニーズである就労及び社会参加を支援する看護実践のあり方を見いだす	精神障害者との対話が行われる場（事業所／サークル活動の場）	報告者、デイケアサークル（バレーボール）のメンバー・スタッフ、地域活動支援センター及び就労継続支援B型事業所のスタッフ・メンバー等 本事例におけるそれぞれの家族

④支援の実践方法	⑤支援の実践期間
学習指導、子どもの自治を取り入れた自主運営 入居者の自由な生活運営	小中学校の在籍期間 小学生：「宿題クラブ」（週2回） 中学生：3年生の勉強会（週1回） 住居支援は、当事者が自立できるまで
子どもの食のニーズに対応しつつ、生活ルールも含めて何事も子ども集団の話し合い（ホーム会議と全体会）による合意形成を図る	児童福祉法に基づき最長で措置解除となる20歳までが基本だが、自治体による支援事業を受けて進学先の卒業まで園に居住可能
生徒自身の問題を脚本化した演劇と集団づくりを通しての一人ひとりの自立支援	同校在籍の期間
一人ひとりの問題性に応じた矯正教育プログラムによる指導、および特定生活指導・職業指導・特別活動指導など	3段階に及ぶ矯正教育の修了までの期間（在院期間） 出院後の相談対応
看護職による対話、就労の情報提供や趣味の場所とピアサポートなど資源の認識の広がりと共有化、他職種（精神保健福祉士等）との共同による生活プランの立案等	特に終わりはない

ここに登場する事例の二人とも、支援センターの職員等の援助で就労の場を得て生活者としての経済的な自立をすすめた。それは単に収入を得るためだけではなく、自分の人生を自分の力で拓く人生の主人公としての確かさを得るためである。そのように、看護師が対話的働きかけを通して、当事者の自己認識をうながしその自立を支援している。

3．地域が生活の主体を育てる

　5つの実践報告・事例報告を実践場所から見ると、民間施設（岸田報告、三輪・中島報告）、公的機関（織田報告、續橋報告）である（中戸川報告は現場での聴き取りの事例報告）。それぞれに支援主体と支援される人びと（子ども・若者たち）との関係性は、地域とのつながり方、地域への参加の仕方、地域からの支援の在り方を反映していて、多様である。

　岸田さんの「猫の足あとハウス」はNPO法人としての認可を得て運営している。そうすることで、岸田さんの実践はいっそう社会的公共性を獲得した。報告者はもとより、岸田さんの長女・長男ならびにその友人たち（ボランティア参加）、ハウスの利用者である高校生・大学生、地域の元教員たちが「指導者役」となって子どもたちを支援し、地域の市民団体「西東京わいわいネット」がこの活動を支えている。岸田さんの報告からは、コミュニティ空間のもつ支援力とその価値がしっかりと認識されていることがうかがえる。

　岸田さんは、「ハウス」を利用して巣立った若者が指導役として

参加するにいたる成長過程をとおして、「支援されていた側が支援する側になる」という「地域のなかの循環」が生まれているという。ここに退職者が加わって、単に「ハウス」利用者間にとどまらず地域における異世代交流の場をもつくりだしている。また、居住支援としては、困難な成育過程をもつ若者が、安心の場所を求めて「ハウス」に入居して自分の居場所を得ている。筆者も現地を訪問したが、二階が居住者フロアで、落ち着いた雰囲気の造りになっている。岸田さんによると、「ハウス」で暮らして退去したある女性は、「一人暮らしをして自分でできることとできないことがわかってよかった」と言った。この女性はそこで暮らすことで、自立とは何かを実際に体験し学び直したといえる。

　三輪さん・中島さんの報告は、児童福祉施設としての実績を有する「おおぞら園」「柿の木ホーム」での実践である。同園に入所する子どもたちはそれぞれに被虐待歴の環境を含めた過酷な環境を背負って生きている。したがって彼・彼女の自立は、何よりもまず生活者として身近な他者を信頼し、日常生活を自分でこなせるようになることであり、そのためのケアが必要である。同じ分野で児童養護施設長を務める石塚かおるは、かつて本学会誌の論稿で、子どもたちの自立の基本を、「安心して暮らせる生活環境づくり」による基本的生活習慣の自立、「自分たちで日課やルールを決める」生活運営の自主性と自治、「子どもとのコミュニケーション」による対話的・社会的関係の自立、という三つの観点から深めている[2]。これらは、そのまま現在の「おおぞら園」にも生かされている。

　續橋報告のように、教育機関のコミュニティ（私立高校）の生徒たちが、外部の市民劇団主宰者・吉田氏と出会い、氏のきめ細かな

アクションと聴き取り・対話によって、生徒たちが変容していく過程も、地域における自立支援である。生活指導は「生き方についての指導」（宮坂哲文）として、ものの見方・感じ方・考え方とこれを支える行動の仕方を丸ごと含む主体的で総合的な生活主体形成の営みである。續橋さんたちが演劇指導者と共同しておこなってきたこの活動は、まさに「地域との共同による生活指導実践である」（續橋）といえよう。このように外部の文化的実践家との交流・協働が内部の関係性を変え、それがますますその外部の人との関係性を緊密に、豊かにしていく実践は、これからも一層重要性を増していくにちがいない。

　織田報告は、少年院施設・Ｋ学園での実践である。個々の非行歴や発達課題に応じた矯正教育プログラムを実践するが、その主題は、どのような非行歴があろうとも必ず社会的自立にいどむ自己自身を取り戻せるという深い信頼に基づいて、社会的自立の基礎を獲得するのを支援することにある。そのこと自体が潜在的に地域性を有している。というのは、少年の収容・入院は市民を犯罪の危険性から守る「社会防衛機能」も持っており、法務教官は少年院のこの本質的役割を理解するからこそ「一般的学校の教師以上に日常の教育活動や教育方法の改革への自覚的努力を傾注することによって、初めて矯正教育を成立させて」いるからである[3]。

　少年たちにとって最も身近で自己信頼を支えてくれる他者が法務教官である。少年院の特性ゆえに規律と管理が徹底される面はあるが、最後は、法務教官との生き方についての課題の共有が要となっている。本人が退院後も生活の見通しが持てるように、少年院内部の主体どうしの関係性を支えるのが、「職親プロジェクト」の企業

経営者をはじめとする地域の人びとである。少年院も特殊な形態とはいえコミュニティとしての性格を有し、これを第二次的コミュニティとして地元のネットワークが支える構図である。

　重要なことは、これらの地域実践を貫く実践原則は子どもの人権擁護にある点である。石塚は「子どもの人権擁護は体罰否定から始まる」と述べている。それぞれのコミュニティの内部の関係性がそのように暴力否定による人権擁護に基づいて展開することは、その職員たちが、子どもの保護者や住民に対しても、高圧的で権力的な姿勢でのぞまないし、自分たちの活動を可能な限り公開し他の職種とも交流していく関係につながっている。

当事者が自分の「心の歩幅」で歩み出せるように聴きとる力

　中戸川報告は、以上の4つの実践例とはやや異なる内容ではあるが、これも地域に支えられ、その関係性を背景にして、統合失調症に苦しむ当事者を看護の立場から、聴き取り、精神的な安定を配慮し、共に一歩一歩前に進める支援となっている。そのことは先の別表の構図からもうかがえる。今日的に重要なのは、「就労と生活の調和」という主題である。その社会的背景には、厚労省「精神保健医療福祉の改革ビジョン」（2004年9月）にみる「就労支援・活動支援体制の強化」等の国レベルの動きもある。中戸川報告を読めばわかるように、直さんも誠さんも、働きたいという動機は「よりよく生きたい」願いと一体なのである。そのために、「できない」と諦めないで、地域の就労支援の公的機関やネットワークに頼りながら、現状からの脱出、自分の生き方の変革を模索している。その模

索の過程の1コマ1コマに、かけがえのない当事者の生きる意味がある、として支えているのが中戸川さんの看護実践である。

　筆者が2019年4月初旬に聴き取ったことに基づけば、中戸川さんは直さんが働く事業所でのネジ止め等の軽作業に継続して参加し、誠さんのバレーボール・サークルにも参加し、一人ひとりの患者が「自分の人生を取り戻す」ことにいどむその姿に、看護師みずから寄り添って共感し聴きとることで、その過程を支えてきた。だから、二人とも自分の中で起きていることを中戸川さんにリアルに語ってくれた。また、事業所の施設長が、落胆している直さんに「ここからがスタート。取り戻せばいい」と自己肯定メッセージを送り続けているのを、中戸川さんは間近に観てきた。このような報告者の自己体験を基に、就労支援を意図したアセスメントを基にサポートしていく看護実践が成り立っている。なんといっても当事者には、働くことの希望を追究すること自体が生きる証なのである。

4．支援・援助の非対称性をどう変えるか

　日本生活指導学会が発足した時（1983年）、その学際性を生かして「現代における生活指導研究の課題」というシンポジウムが行われた。このとき看護教育学の立場から報告した見藤隆子（当時、代表理事）は、「生活指導と言う時、指導する者は、どこに立っているか、何に準拠しているか」と「指導」概念への率直な疑問と課題を投げかけた。すなわち、指導は、ある人が抱える不都合を認識する者と認識される者との「二極化」を生む関係行為であり、この二極

化した状態で指導する者が指導される者を見ることになる。両者は「同じ高さに立っていない」し、「同じ事象を見ていてもお互いに見ているものは異なっている」[4]。

　見藤のいう「二極化」は支援・援助にも大いに関係がある。それは支援し支援される両者の非対称性を指している。この問題は、教育・福祉・看護・カウンセリング等の、働きかける者・働きかけられる者の本質的なあり方にも関わってくる。

　ここで重要なことは、見藤は、その非対称性を固定したものとはみないで、実践者の主体性によって変わりうるものとみていることである。それは見藤の看護教育者としての諸実践に基づいており、「相手の中に入って相手の中から問題状況を共に眺めて行く関係の仕方」へと変化しうるのである。この「共眺」の関係性をもつことを見藤は「一局化の状態」と表した[5]。

　本書に収めたすべての報告で実践者は相手の状態をよりよく知ろうと努めるがゆえに非対称性を自覚し、それを関係づくりの壁とは捉えないで、むしろ乗り越えていくことで新たな関係づくりに至る踏み台と捉えて実践していることがわかる。たとえば、中戸川報告では、ただクライエントの語りを聴いているだけのようではあるが、それは違う。看護師である報告者がじっくりと聴くことで、直さんは「自分の心の歩幅で歩いていけばいい」と語り、誠さんは「何かできることが自分にもあるから働きたい」という、人生に対する前向きな声を出せたのである。それは単にそれぞれの症状を看護師として理解できるからできたというものではない。一緒に作業（または活動）し、これまで病気で苦しんできたその人と対面して、穏やかな様子で聴きとること自体が、大事な役割を果たしている。

この点に関連して、本書の実践分野と近しいある社会福祉専門職者は、こう述べている。〈援助には何ができるか。社会の闇や厳しい現実にもかかわらず専門職者としてできることは、せめて逃げ出さないこと、見捨てないことだ。苦しみを背負わされている人のかたわらに踏みとどまることだ〉[6]

　この「見捨てない」「かたわらに踏みとどまる」という関係づくりは、地域での自立支援の実践の全ての分野に共通するものであろう。児童養護施設の子どもは、時には職員に暴言をはいたり、仲間を傷つけたり、施設を飛び出して非行に走ったりすることもある。それでも、当の子どもを信頼する。たとえば石塚は、複雑な家庭問題を背景に同施設に小学２年から入所した少年が、その後非行・問題行動を繰り返して長期にわたり施設に帰らなかったが、それでも彼の部屋の掃除をして布団も干していつでも受け入れられるように準備した。「Ｍ（注：少年のこと）を信頼したい」からだという。１か月後に施設に戻ってきた少年は、「あの布団で寝たかったから園に戻った」と石塚に話した。ここに、「守られていると実感し、安心して眠り、暮らせる生活」を欲する当事者と、その実現にすべてを傾ける支援者（施設職員）の、非対称性を超える関係性がある。ここに、その鍵となるケアがいかに自立にとって不可欠の基盤となるかが物語られている[7]。この支援の見地は、「おおぞら園」と「柿の木ホーム」の実践を知るうえで、大事なポイントである。

　看護分野の見藤は、勤務先の大学でうつ状態で不登校気味である学生の面接をして傾聴するうちに、その女子学生が泣き出したとき思わず彼女を抱きかかえた。その時に、「私の心は落ち着いていて、心が暖かく、自分で自分に安心して居られる状態」になったという。

これが、「二極化」(前出)になりがちな関係を乗り越えて分かり合える状態になった時だという。また、末期がんの患者を看てきた看護婦長(当時)の石垣靖子は、末期で意識がほとんどなく「帰る」と言ってベッドに起きあがった患者を抱きしめた時、その患者は石垣の腕の中でまどろんでいたが、石垣自身は「温かい優しい気持ちになっている自分に気づ」いた。今、死を迎えようとしている患者と自分が「生命の愛しみ」をわかちあえたからだという[8]。

これらは支援のカウンセリングや看護の特殊な例だと思われるかもしれないが、そうではない。たとえば、児童養護施設の石塚も、施設を飛び出した少年に「それでも信頼する」と思い続けて彼を受け止めたように、自立に向けてもがき葛藤し何度も自己否定を重ねる、その傷ついていく当事者を社会的・精神的に受け止める関係性を、どの実践もどこかに宿している。それは同情ではない。この現状において生きづらさを抱え苦しむ、その状況から一歩でも歩み出すその先の道を共に見つめる「共見」の関係性が、自立支援の要を成している。ただし、実践者の成長においてここで望まれるのは、その「共見」の関係に立つ自己を外の目で客観視する「共見の目」である。ここに、支援・援助のともすれば抜きがたい非対称性を、自分たちの実践の内側からのりこえる大事なヒントがある。

それは、非対称性を乗り越えたというよりは、非対称性の中に生まれた、生きるものどうしの相互の了解なのであろう。実践者にとって非自己のその人たちに働きかけている自分が逆に働きかけられ(支えられ)、自分の中に対象者によって蘇生される生活原点的な自己を知る感動が、自立支援の実践の過程には待ち受けている。

「猫の足あとハウス」を巣立つ少年に送る手紙の中で書いた言葉、

「世間の価値観や見方から自由になって自分の人生を歩んでほしい」（岸田）、「その子の強みに着目し、そこを伸ばしていき、自己決定ができるように手伝いをする」（三輪・中島）、「生徒の人格形成に豊かさと潤いを与えている」（續橋）、「非行少年たちにはそれぞれの人生があるという当たり前のことに気づいた」（織田）、「現状から抜け出すことへの強い希求を、聴き、受け止める」（中戸川）などの報告者の視点や言葉が、実践者と対象者との、生きることに立ち向かうものとしての対称性の発見を物語っている。ここで対称性というのは、実践者にも被支援者にも、いま・ここから前に歩みだすという反転ないしは転回点の認識が共有されているからである。このように生活指導とは、互いの生き方について実践の諸事実を重ね、人格的にも交流し、指導し指導される関係を絶えず問い直し、ついには指導・被指導関係を超えていく営みであり、こうした地域のさまざまな拠点（現場）で主体的に取り組まれているその実践（運動）が、地域生活指導なのである。

5．自立支援の地域生活指導実践に希望はある

（1）子ども支援の地域ネットワークの広がり

5つの報告から、今後の地域生活指導にはいろいろの課題があることを認めつつ、プラスの展開が予想できることを述べたい。

その一例を「猫の足あとハウス」の活動に見出せる。筆者は、2019年3月下旬、「ハウス」を見学し、岸田さんに聴き取りをした。

今後の新たな展開や課題について岸田さんは、以下のように述べた。

 1つには、子ども支援の地域ネットワークへの関与が以前よりもいっそう増してきた。地元の社会福祉協議会を通じて「ハウス」の見学の申し込みがあったり、年寄りのサロンを始めるに当たって話を聴きたいと申し入れがあったり、新たに子どもの学習支援の指導者として参加したいとの申し出があったりするなど、「ハウス」の認知度は確実に高まっている。岸田さんはその印象を「行政のほうから（ハウスに：注記）寄ってくる」と言っている。ただ、「教える」役の人について選定は意外と難しく、その人の面接と指導場面の観察で決めている。若い人の中に、子どもを前に自分を語りすぎてしまい、「ハウス」の趣旨にそぐわないので断った例もあった。

 2つめに、「ハウス」の活動を地域が後押している。この自治体では「西東京市子ども条例」が制定され、2018年10月1日から施行されている。その準備過程で「子どもの声を聴く」趣旨で、「ハウス」の中学生がヒアリングに応じた。その条例が「わたしたちは、まち全体で子どもの育ちを支える、子どもにやさしい西東京をともにつくっていきます」（前文）と述べているとおり、党派を超えて「ハウス」の活動をささえる機運が高まっている。その結果、寄付や助成金で運営費の大半を賄えるようになっている。

 3つめに、岸田報告にあった地域の子どもたちの「集団づくり」はこれからが本領発揮になる。「みんなで決めて、みんなで守る」自治の原則を大事にし、これに関連して地域の大人の集団づくり、行政とのかかわりが進み、ここに集まれば明るい見通しが見えてくるし笑い声に癒されるなど、「ハウス」は心地よい空間となっている。

 4つめに、学習支援も新たな展開が模索されている。これまでの

週二日に加えて「学び直し」の学習会を行うことを検討している。これは岸田さんの長男が提案してきたという。単に知識の補充ということではなく、まさに「何を、何のために学ぶか」の「学びほぐし」（unlearning の鶴見俊輔による訳語）のための自主的学習が始まろうとしている。

最後に、「ハウス」にやってくる子どもたちは依然としてさまざまな課題を持っており、個別の事情に合わせるケア的な援助をしていくには、岸田さんたちスタッフの学びや連帯が今後もいっそう大きな役割をもってくる。上述した地域のエンパワメントがあれば、「ハウス」の実践はいっそう地域福祉的な要素を増やしながら展開していくことになるであろう。

（2）一人ひとりの「自立どき」を読みながら支援する

児童養護施設「おおぞら園」の園長からの聴き取り（2019 年 4 月初旬実施）によれば、同園でも入所する子どもの約 7 割が虐待被害の事案を背負っており、なかでも性的虐待による子どもの自立の崩れや葛藤が目立つようになってきた。その背景には、親子関係の変容や貧困などがあるが、個々に深刻な問題を抱えている。こうした背景を持つ子どもは「荒れ」や暴力もいったん起きるとすさまじいので、これを力でただ押さえるだけの対応は明らかに人権否定となるだけではなく、子どもが何をいま欲しているかが見えない形ばかりの「指導」に転落していく。そうではなく、子どものニーズにまず応えて、その子にとって、わがままを言っても受け止めてくれる大人（他者）がそばに居ることを実体験してもらうことが解決の大

きな一歩である。こう園長は強調する。その一例が、第2章でも報告されたコンビニに連れていったり、食のニーズを大切にしたりする実践となっている。

いまやインターネット社会で、児童養護施設内でも子どものニーズはそのアクセス手段を求めており、これを頭ごなしに「否定」するのではなく、話し合いで子どもの要求を公共化したうえで、朝寝坊や遅刻など生活の乱れが起きた事実を見つめさせながら子ども自身に立ち直りを考えさせている。一見すると子どもの言いなりになっているようで、その子の「自立どき」（筆者の理解では、いま自立に歩みだす反転の場面・機会）をどう読むかという職員の子ども理解のあり方が実は問われる自立支援なのである。なかには、高校を中退したのを機に「施設を出たい」という子どももいる。後見人の弁護士から初めは抵抗されるが、その子の「前に進みたいからここを出たい」という願望を大事にしてアフターケアをすることを約束して施設側が弁護士を説得した例もあるという。

（3）対話と自己表現による反転の文化性に希望がある

續橋報告と織田報告は、私立高校と少年院の違いはあるが思春期・青年期前期の子どもたちを対象とする生活指導実践として自立支援の何が重要なのかについて見落とせない共通性がある。当事者における対話と自己表現を介した自立への反転である。

「演劇活動」では、市民劇団主宰の吉田氏が不登校傾向のある生徒たちを訪問してじっくりと対話し、その中から彼女たちの自立のテーマを引き出してこれを顧問が脚本化する。そうすることで

生徒にとっては、劇中の人物の生き方が自己の生きる主題と重なり、役を演じ切ることが今の自分の「壁」にいどむことに反転していく。劇団主宰者と演劇部顧問との連携を内側に持ちながら、市民と教師の共同が生徒たちを変えていった。しかも、そこには固有の学びが立ち上がっている。生徒たちは演劇のテーマについて図書館で資料を調べ各自の役柄について徹底して話し合った。その負担感から役を降りようかと迷った凛が、「調べずに舞台に立つのは、当時の人たちに失礼だ」と吉田氏から後押しされて、最後までやり遂げた。不登校の凛がここまで打ち込めたのは、言葉にならないものを抱えてきた彼女が配役を演じ切ることで自分自身の他者性を発見したからである。この他者性には二重の意味がある。1つは、役柄どうしのつながりを意識しなければ劇が成り立たないこと。もう1つは、観客に向かって役の人物になりきるように自己自身を演じること。この二重の他者性を支え太らせたのが、対話と（役柄のセリフに込めた）自己表現である。

　その自立への反転というストーリーは、形は違うが少年院でも実践されている。矯正教育プログラムの下ではあるが、自分が頑張ったことを教官からも他の入院生からも認めてもらえることで自信を取り戻している。地域での労働体験も入院生たちの体と心を注いでの活動として重要な自己表現になっている。筆者は愛知県の瀬戸少年院を学生たちと見学した際に、この地域性を生かして窯業の科目で入院生全員が陶芸に取り組み、思い思いの作品を仕上げているのを見た。どれも素晴らしい出来栄えであった。地元の陶芸家も協力した指導が実っていると感じた。見学したその年に、入院生たちが「ゆめ」をテーマに自分たちで話し合って3分間の映像作品を作っ

てコンテストに応募し、管轄している名古屋矯正管区長賞を受賞した。その作品を見せてもらったが、ナレーションと光のアートで非行に走ったいきさつと今までの自分の「alone」(「ひとりぼっちになっていた」心境)を巧みに表現していた。面会に来てくれた母親に初めは冷たく応じたが、その後母親からの手紙を読み、にじんだ文字がいくつかあったのを見て母親の涙を知り、「立ち直らなければいけない」と思ったと語った。手紙のにじんだ文字を感じ取り受け止めることは他者感知の力の獲得・再発見であり、この他者性が梃子となって入院生は十分に立ち直っていけると筆者は受け止めた。

6．おわりに

　本書に収めた実践報告・事例報告から学ばされるのは、地域住民にも支えられながら、困難な状況にある一人ひとりの「自立どき」を実践者あるいは職員どうしが読み開き、個々のニーズに即した対話と自己表現の機会を多様につくりだしていることである。その過程で子どもあるいはクライエント自身が他者に支えられながら自立へと反転している。この過程を伴走し、その人にふさわしい対話をつくりだし、支援している。これが自立支援の本質ではないだろうか。
　日本社会の現実では市場に選ばれる人と振り落とされる人の二極化が進み、それを背景に身近な生活圏で他者不信も生まれやすくなっている。しかし、自分と共に自分のために生きようとする他者の登場によって、その不安定さや絶望感は乗り越えられていく。支援される人も支援する人も、生を受けてここに立つ自分が他

者と共に自分らしい新しい物語をどう創っていくかを意識し、つながっている。そして、小さいながらも共同的ちからが生まれつつある。ここに、地域生活指導実践の確かな希望を見ることができる。

〈注〉

(1) 斎藤純一他『コミュニティを再考する』平凡社、2013年。清水修二他『あすの地域論～「自治と人権の地域づくり」のために～』八朔社、2008年。広井良典『コミュニティを問い直す～つながり・都市・日本社会の未来』ちくま新書、2009年。

(2) 石塚かおる「児童養護施設におけるケアについて」『生活指導研究』第22号、エイデル研究所、2005年、19-25頁。

(3) 市川昭午・永井憲一監修『子どもの人権大辞典Ⅰ』「少年院」の項（山口幸男）、エムティ出版、1997年、458頁。

(4)(5) 見藤隆子「看護教育学の立場から」『生活指導研究』創刊号、明治図書、1984年、141-143頁。

(6) 稲沢公一「援助者は『友人』たりうるのか」古川孝順他『援助するということ　社会福祉実践を支える価値規範を問う』有斐閣、2002年、190-191頁。

(7) 石塚かおる、前掲論文。

(8) 石垣靖子「死にゆく人の伴走者として」『生活指導研究』第7号、明治図書、1990年、54-70頁。

執筆者一覧 （執筆順、＊印は編集委員）

＊間宮 正幸（まみや・まさゆき）　　学校法人共育の森学園（まえがき、第3章解説）

＊照本 祥敬（てるもと・ひろたか）　　中京大学（序章、第1章解説）

　岸田 久恵（きしだ・ひさえ）　　　　NPO法人猫の足あとハウス（第1章実践報告）

　南出 吉祥（みなみで・きっしょう）　岐阜大学（column 1）

　三輪 武彦（みわ・たけひこ）　　　　児童養護施設（第2章実践報告Ⅰ）

　中島 賢吾（なかしま・けんご）　　　児童養護施設（第2章実践報告Ⅱ）

＊櫻谷 眞理子（さくらだに・まりこ）　立命館大学（第2章解説）

　浦田 雅夫（うらた・まさお）　　　　京都造形芸術大学（column 2）

　續橋 淳子（つづきばし・じゅんこ）　（元）私立高等学校（第3章実践報告）

　織田 脩二（おだ・しゅうじ）　　　　泉南学寮（〈前〉加古川学園）（第4章実践報告）

＊森　 伸子（もり・のぶこ）　　　　　東京矯正管区（第4章解説）

　則清 仁美（のりきよ・ひろみ）　　　麓刑務所（column 3）

　中戸川 早苗（なかとがわ・さなえ）　愛知県立大学（第5章事例報告）

＊熊澤 千恵（くまざわ・ちえ）　　　　椙山女学園大学（第5章解説）

　菊池 美智子（きくち・みちこ）　　　特定医療法人八誠会もりやま総合心療病院（column 4）

　折出 健二（おりで・けんじ）　　　　人間環境大学（非常勤）（終章）

日本生活指導学会

　日本生活指導学会は、1983年に結成されました。結成当初は教育学・学校教育分野の関係者が会員の多くを占めましたが、しだいに心理臨床、矯正教育、看護、保健、社会福祉、司法福祉などに関わる研究者、専門家、これらの実践領域で活動している人たちの関心と支持を集め、短期間のうちに学際的かつ実践的な研究を追究する学会へと発展しました。本学会が発展した最大の要因は、人びとの生活をかたちづくっている「いのち」「暮らし」「生きがい」の実相を多角的・構造的にみつめつつ、各専門分野の枠を超えた〈指導〉や〈支援〉のあり方をめぐる研究活動を大切にしてきたことにあるといえます。

　本書を読まれて本学会に関心をもたれた方は、下記事務局までお問い合せください。

日本生活指導学会事務局
〒 400-8510
山梨県甲府市武田 4-4-37
山梨大学教育学部　高橋英児研究室気付
☎ 055-220-8245
E-mail：jasgoffice@gmail.com
HP：http://jasg.m47.coreserver.jp/main/

自立支援とは何だろう？
──福祉・教育・司法・看護をまたぐ地域生活指導の現場から考える

●2019 年 9 月 30 日─────　第 1 刷発行

編著／日本生活指導学会
編集代表／照本祥敬
発行所／株式会社 高 文 研
　　　　東京都千代田区神田猿楽町 2-1-8　〒 101-0064
　　　　TEL 03-3295-3415　振替 00160-6-18956
　　　　http://www.koubunken.co.jp
印刷・製本／モリモト印刷株式会社

★乱丁・落丁本は送料当社負担でお取り替えします。

ISBN978-4-87498-699-8　C0037

◇好評　高文研の本◇

◆シリーズ教師のしごと①
生活指導とは何か
竹内常一・折出健二編著　2,300円
「教員統制」のなかで、悩む教師に応える、教師のための新しいテキスト。

◆シリーズ教師のしごと②
生活指導と学級集団づくり　小学校
小渕朝男・関口　武編著　2,100円
子どもの成長・発達を支える指導をどのように行なうか？ その理論と実践を分析。

◆シリーズ教師のしごと③
生活指導と学級集団づくり　中学校
照本祥敬・加納昌美編著　1,900円
教師がいま最も大事にすべきものは何なのか。異常な多忙の中で、未来を紡ぐ実践と解説。

◆シリーズ教師のしごと④
学びに取り組む教師
子安　潤・坂田和子編著　2,200円
困難な生活を生きる子どもと共に、生活から学びを立ち上げる理論と実践、その道しるべ。

新・生活指導の理論
ケアと自治／学びと参加
竹内常一著　2,500円
新自由主義的な「教育改革」に対抗する「教育構想」を提示する著者総力の生活指導研究。

戦後教育学と教育実践
竹内常一に導かれて
宮原廣司著　4,200円
戦後日本の教育が歩んで来た道と教育運動の歴史を記した竹内常一の仕事のすべて。

イラストで見る
楽しい「指導」入門
家本芳郎著　1,400円
怒鳴らない、脅かさないで子どもの力を引き出し、豊かな学校生活を送るための一冊。

〈新版〉
子どもと生きる教師の一日
家本芳郎編　1,300円
教師の身のこなし方、子どもへの接し方などプロの心得を47のエピソードで綴る。

教師におくる「**指導**」**のいろいろ**
家本芳郎著　1,300円
広く深い「指導」の内容を、場面・状況に応じてすべて具体例を出し解説する。

若い教師への手紙
竹内常一著　1,400円
管理主義を越えた教育の新しい地平を切り拓く鋭く暖かい〈24章〉。

わけあり記者
三浦耕喜著　1,500円
過労でウツ、両親のダブル介護、パーキンソン病に罹った私――うつ病を患い、両親のダブル介護、さらに難病認定された現役新聞記者がつづる壮絶記録。

●フードバンクの新しい挑戦
三代目ギャンブル妻の物語
田中紀子著　1,700円
元ギャンブラーの著者が、今、求められるギャンブル依存症対策を書き尽くす！祖父・父・夫がギャンブル依存症！

未来にツケを残さない
原田佳子・糸山智栄他著　1,700円
「食べ物は人をつなぐ」広島、岡山のNPOがゼロから立ち上げ、人をつないできた記録。

児童養護施設の子どもたち
大久保真紀著　2,000円
施設に泊まり込んで子どもたちの心の奥にしまい込んだ"声"を聞き取った貴重な記録。

●老コミュニストの介護体験記
妻を看取る
有田光雄著　1,600円
「要介護5」に認定された妻を6年間の在宅介護で看取った夫を支えたものは何か。過酷な介護の現実を乗り越えた夫婦の愛の物語。

◎表示価格は本体価格です。別途消費税が加算されます。